名师工程

大家思想系列

小事物的教育学

XIAOSHIWU DE

JIAOYUXUE

张文质 著

西南师范大学出版社

全国百佳图书出版单位 国家一级出版社

图书在版编目（CIP）数据

小事物的教育学/张文质著. —重庆：西南师范大学出版社，2013.11

（名师工程系列丛书）

ISBN 978-7-5621-6497-5

Ⅰ.①小… Ⅱ.①张… Ⅲ.①教育方法－文集 Ⅳ.①G4－53

中国版本图书馆 CIP 数据核字（2013）第 255281 号

名师工程系列丛书

编委会主任：马　立　宋乃庆
总策划：周安平
策　划：李远毅　卢　旭　郑持军　郭德军

小事物的教育学

张文质　著

责任编辑：郑持军　雷　兮　祁篆萍
封面设计：红十月工作室
出版发行：西南师范大学出版社
　　　　　　地址：重庆市北碚区天生路 1 号
　　　　　　邮编：400715　市场营销部电话：023-68868624
　　　　　　http：//www.xscbs.com
经　　销：新华书店
印　　刷：重庆五环印务有限公司
开　　本：787mm×1092mm　1/16
印　　张：13.75
字　　数：127 千字
版　　次：2013 年 12 月　第 1 版
印　　次：2013 年 12 月　第 1 次
书　　号：ISBN 978-7-5621-6497-5

定　　价：28.00 元

《名师工程》
系列丛书

《名师工程》系列丛书

征 稿 启 事

　　《名师工程》系列丛书是西南师范大学出版社策划、组织出版的大型系列教育丛书。丛书以新课程下的新教学为背景，以促进施教者的教育能力为落脚点，以提高教育质量、提升教师水平为宗旨。

　　丛书首批推出的"名师讲述""教学提升""教学新突破""高中新课程""教师成长""大师讲坛""教育细节""创新语文教学""教育管理力""教师修炼""创新数学教学""教育通识""教育心理""创新课堂""思想者""名师名课""幼师提升""优化教学""教研提升""名校长核心思想""名校工程""高效课堂""创新班主任""鲁派名师"等系列，共150多个品种，其余系列也将陆续出版。为了让广大教师有一个交流、借鉴的机会，同时也为了给广大教师提供更多、更好的图书，《名师工程》系列丛书编辑出版委员会特向全国教育工作者征集稿件。

稿件要求：

1.主题鲜明、新颖，有独创性。

2.主题以提升教育能力为主，也可适当外延。

3.主题要有一定规模、有典型案例支撑。

4.案例要贴近教育实际，操作性强。

5.文章、书稿结构清晰，语言精彩。

　　书稿作者在选题确定之后，请及时与我们做好沟通，具体事宜确定好之后再进行创作；也欢迎用已经完稿的稿件投稿。一线教师如希望参与图书案例的创作，可联系我社策划机构，由策划机构备案，在适合的图书中参与创作。

　　真诚欢迎各位教师踊跃投稿。

联系方式：

西南师范大学出版社高教分社

电话：023-68254356　　　　E-mail：zcj@swu.cn

西南师范大学出版社高教分社北京策划部

电话：010-68403096

E-mail：guodejun1973@163.com

编者的话

当前，以人为本的教育理念正在逐步深化，素质教育以及基础教育课程改革不断推进。在这场深刻又艰苦的教育改革中，涌现了无数甘为人梯、乐于奉献的优秀教师。他们积极探索、更新观念、敢于创新、善于改革，在实践中创造性地发展、总结了很多先进的教育思想、教育理念；创造性地开发了很多新的教学模式、教学内容和教学方法。这些新思想、新模式、新方法在实践中极大地提高了教学质量，是教育改革实践中的新内涵和宝贵财富。这些优秀教师就是我们的名师，这些新内涵就是名师的核心教育力。整理、总结、发展、推广这些教育新内涵，是深化教育改革、完善教育体制、提高教育质量、提升教师水平的一件大事。

教育，是民族振兴的基石；教师，是教育发展的根基。

胡锦涛总书记在全国优秀教师代表座谈会上指出："教师是人类文明的传承者。推动教育事业又好又快发展，培养高素质人才，教师是关键。没有高水平的教师队伍，就没有高质量的教育。"十七大报告又进一步强调了必须加强教师队伍建设，不断提高教师的素质。当今世界，社会进步一日千里，科技发展日新月异，知识更新的周期越来越短。教师作为"文明的传承者"更要与时俱进，刻苦钻研、奋发进取，尽快提升自身素质和能力，为推动教育事业的健康发展贡献自己的力量。

基于以上，西南师范大学出版社策划、组织出版了大型系列教育丛书——《名师工程》。希望通过总结名师的创新经验、先进理念，宣传名师的核心教育力，为广大教师的职业生涯提供精神源泉和实践动力，在教育实践层面切实推动从教者职业素养的提升。通过《名师工程》实现"打造名师的工程"。

丛书在策划、创作过程中力求实现以下特色：

一、理念创新，体现教育的人本精神

教师角色在以人为本的教育理念下发生了重大的变化，教师的素质和能力也面临更高的要求。如何弘扬、培植学生的主体性、增强学生的主体意识、发展学生的主体能力、塑造学生的主体人格等问题成为教师在目前教育中亟待解决的难题。丛书以教育管理者和教师为主要读者对象，通过教师综合素质的提高而将人本教育的思想落实到教育实践中，真正实现教育培养人、塑造人、发展人的本质要求。

二、全面构建，系统提升教师的教育能力

丛书选题的最大特点就是系统、全面地针对教师教育能力的提升而展开。施教者的能力决定教育的效果，教育改革的落实、教育效果的提高无不体现在教师身上。丛书针对不同教育能力、不同教学要求、不同教育对象，有针对性地设置选题。棘手学生、课堂切入、引导艺术、班主任的教导力、互动艺术、课堂效率、心灵教育等等，这些鲜明的主题从教育的细节出发，从教育实际情况出发，有针对性地解决问题，让教师在阅读中学有所指、读有所获。

三、科学权威，体现教育的时代前沿性

丛书邀请全国各地著名的教育工作者执笔，汇集在教育改革与实践中涌现的先进理念、成果和方法，经过专家认真遴选、评点总结而成，代表了目前教育实践中先进的教育生产力，具有时代前沿性，是广大一线教师学习、借鉴的好素材。

四、注重实践，突出施教的实用价值

丛书采用了通俗的创作方法，把死板的道理鲜活化，把教条的写法改变为以案例为主，分析、评点为辅，把最先进的教育理念和方法融入有趣的情境中。经典的案例，情境式的叙述，流畅的语言，充满感情的评述，发人深省的剖析，娓娓道来、深入浅出，让教师更充分地领会先进、有效的教育方法。

在诸多教育、出版界同仁的支持与努力下，《名师工程》陆续推出了《名师讲述系列》《教学提升系列》《教学新突破系列》《高中新课程系列》《教师成长系列》《大师讲坛系列》《教育细节系列》《创新语文教学系列》《教育管理力系列》《教师修炼系列》《创新数学教学系列》《教育通识系列》《教育心理系列》《创新课堂系列》《思想者系列》《名师名课系列》《幼师提升系列》《优化教学系列》《教研提升系列》《名校长核心思想系列》《名校工程系列》《高效课堂系列》《创新班主任系列》《鲁派名师系列》等系列，共150多个品种，后续图书也将陆续出版。

丛书在出版创作过程中得到各地、各级教育部门与教育工作者的大力支持与帮助，在此一并表示感谢！

教育事业是全社会共同的事业，本丛书的出版一方面希望能对广大教育工作者有所帮助，共缮先进成果；另一方面也是抛砖引玉，希望更多的教育工作者参与到出版创作中来，百家争鸣、百花齐放，为促进教育事业的发展共同努力！

序

　　我希望这是一本返回之书，返回个人、返回童年、返回生命的现场、返回细节，寻找微物之神，在凝视、省思和晤对之中，再现与确认教育和生命的意义。它是"活着的生命的教育学"，能够以一种明亮的诗意细致而耐心地编织，不断朝向自己对生活的所有忠诚。可以说，这是一种新的理解，而这样的理解恰恰又是一种对人性和教育意义持续不断的挖掘，作为作者，我希望是用自己的低语说出了这一切。"我们获得的词语越多，我们就越是自由"。

　　其实，我并不试图非要抓住"非如此不可"的某些词、某些接近于真实的细节、某些揭示了教育规律的新概念，我既希望做得比这一切更多，又信守写出来就表明我生活过了的习惯。当一个人还乐于为自己涂涂画画之时，他的内心境况一定不会太糟。事实也是如此，我见证了我所经历的这个时代，我并不感到虚空与失落，对一个有限的生命而言，我期许能够找到属于自己的方式，"我像自己那样写作"。这夸张的说辞，可以表达文字背后的疼痛，只不过现在我尽可能用上一些小词、旧词，如果我还能做得更心平气和，那真是再好不过了。

大概我一直喜欢欲言又止，重话轻说。我曾希望能用尽可能少的词、尽可能轻的笔触，开始自己的生命叙事。今天我还想加上一句，如果我能够通过不断的阅读和因此进一步加深的卑微感，通过持续的练习，说出一些事物的真相，我就会觉得这样的写作仍是可信并值得继续下去的，我们可以从日渐开放而复杂的思索中，最终回到自己。

正如人们说的那样，"我们找到了彼此"。

目　　录

两棵明亮的香樟树

1

2011 年 9 月 16 日下午听课，在校园很小的一所小学。校园东西方向各有一棵明亮的香樟树，我想大概一棵是男树，一棵是女树。学校的一位老师评价校长："她是真的想做事的人，她几乎认得学校所有的孩子。"我问："学校共有多少孩子呢?""四百三十多位吧，因为刚开学，人数还在变动。"而学校请我去的理由也简单，一年级的小朋友刚上学没几天，"你是学校的朋友，就是想请你听下一年级的课"。

2

课前与课后，我们都站在操场上说话，这样可以一直看着东边的那棵香樟树。她真可以说得上仪态万方。

林语堂先生曾说他喜欢秋天的况味，"大概我所爱的不是晚秋，是初秋，那时暄气初消，月正圆，蟹正肥，桂花皎洁，也未陷入凛冽萧瑟气态，这是最值得赏乐的。那时的温和，如我烟上的红灰，只是一股熏熟的温香罢了。或如文人已排脱下笔惊人的格调，而渐趋纯熟炼达，宏毅坚实，其文读来有深长意味。这就是庄子所谓'正得秋而万宝成'结实的意义。在人生上最享乐的就是这一类的事"。

3

这一天，在福州仍是 34 度的高温，秋的影子尚未看到，不过毕竟是九月的天气，翠绿的香樟树叶子，似乎也有一种日渐温和的妩媚。

有些生活会使你产生一种"这就是你的生活"的欣然。

4

学校的一位老师告诉我："从外面的马路拐个弯，有个小院儿，院子里有三棵榕树，家长们接孩子时可以先在树下等一等，一放学，校园就变得非常安静。要是外面那条马路的树一直不被砍掉，我就会觉得很幸福。"

5

在老家，我父亲用的是那种"老黄历"，翻开看，常有本日"宜动土""不宜动土"的提醒，看来"动土"在早已故去的年代确是一件需要审慎对待的大事。不过在今天，一些只想着功绩的官员哪里还会想到那些"老黄历"，现在的福州完全是个大工地，很多我看了几十年的树早就不见了踪影。

就我的感受而言，"做大做强"几乎就是种种灾难的代名词。

6

美国当代著名女作家乔伊斯·卡罗尔·欧茨在给一个年轻作者的信中写下了这样令人惊心动魄的句子：

把你心之所想写出来。

永远都不要为你想表现的主题和你对于这个主题的热情而羞愧。

你"压抑着"的激情正是写作的动力。就像我们伟大的美国剧作家尤金·奥尼尔，一辈子都和他早已故去的父亲作对；西尔维亚·普拉斯和安妮·塞克斯汀终其一生都与诱惑她们"迷恋"自杀的死神抗争。陀思妥耶夫斯基极端的自我伤害的本能；弗兰纳里·奥康纳对所谓"怀疑者"近乎虐待狂的惩罚的本能；埃德加·爱伦·坡因为对自己会发疯的恐惧，便想要做一件难以言传的事情——杀一位长者，或者妻子，把某人"亲爱的"猫吊死，再抠出它的眼睛。你和被掩埋的自我，或者"自我们"抗争，使之屈从于你的艺术。这些内心深处的冲动就是驱使你写作的动力……不要因为自己是理想主义者或者因为浪漫、"充满同情"就羞愧……

最后说一次：把你心之所想写出来。

7

马丁·路德·金：要从绝望之山中开凿出希望之石。

8

这是英国诗人马修·阿诺德的名作《多佛海滩》的
最后一节：

啊，亲爱的！我们要

彼此忠诚，因为这世界

虽然像梦幻之乡出现在我们面前，

如此丰富多彩，如此美丽，新颖，

实际上它没有欢乐，没有爱，没有光明，

也没有确信，没有和平，没有对痛苦的救援，

我们仿佛处在黑暗的原野上，

只有挣扎和逃避，混乱，惊恐，

无知的军队在夜里交火。

（屠岸　译）

9

夜里，如果无法入睡，我更愿意用笔耐心地抄录些
句子。

一笔一画，相互支持。

10

夜里，不远处的树汤路时有令人惊惧的车辆号叫着飞驰而过。这些白痴！这句话我是从澳大利亚的朋友那里学来的，他们最爱骂的就是"这些白痴"！

11

记下一些数字：在凤凰网关于"'9·11'事件发生时，你的心情是"的调查中，截至 2011 年 9 月 6 日，71％的人选择"幸灾乐祸，非常开心"，11.1％的人选择"非常震惊，不敢相信"，15％的人选择"对无辜者之死感到悲伤、愤怒"，2.9％的人选择"漠不关心，那是美国人的事"。

12

酒总是有点令人着迷，我说的是如果有恰当的氛围，我愿意喝上一点点，以不影响思维、判断力、行为为限，好在我也不开车。因为次数很少，我会记得一些美妙的时刻，一切都像反复发生过一样。

这是今天早上我读卡佛的文字所引发的联想——他写的是："我的酗酒生涯接近尾声时，已经写不了什么东西。沉湎于酒精之中的最后两年，几乎一个字也没有写。所以，你可以看到，加上戒酒后那漫长的岁月，我在相当长的时间内都做了点什么。什么也没做！但是我的头脑终于清醒了。惟此为大。"

我大概已渐渐恢复了细细碎碎阅读、想象、记录的耐心。一切又一如既往。

哈扎拉尔说："一个作家又能写作时,也就是他已经恢复了自己的听力、嗅觉、位置感,他心灵的空洞得到了填补,他又像一条狗那样转身朝向自己对生活所有的忠诚。""写作帮助一个作家生活。"

13

任何一件事都可以洋溢着美妙的诗意,就看你是如何呈现的。你该如何呈现呢?

> 曾经有个女人
> 我和她做过爱,我记得,有时候把她
> 小小的肩膀抓在手里,我如何
> 在她面前感觉到剧烈的惊奇,
> 就像想要盐一样,想念我童年的河,
> 河岛上的柳树,游船上傻乎乎的音乐,
> 我们在泥地里抓银黄色的鱼,它们叫
> 南瓜籽。

这是美国当代诗人罗伯特·哈斯名作《拉古尼塔斯冥想》中的句子。我在阅读对他进行评价的文章时,得到了一个精彩的词语"出自脏腑的愉悦"。

14

在 2011 年 9 月 18 日的中午，我翻阅几部著名小说的开头，进行比较，突然旁逸斜出对教育的一个感想：今天学校这个样子，是时间的产物，在这个时间的框格中，你几乎没有办法使它有另外的样子。

我前两天听课翻看小学三年级语文课本时，想到生活书店的一段往事。大概是 1949 年前后，生活书店想自筹资金出《朱自清全集》，最终，这事不但没办成，不到两年，生活书店连编辑的工资都发不出了。原因很简单，1949 年之前，生活书店主要以编辑出版中小学教材为主业，但自人民教育出版社成立后，生活书店和其他出版社编辑出版教材的资质几乎都被取消了。

要改变某种"给定""派定"的状态，同样需要时间长久的用力。在被宰制的生活中，萎靡、困顿、颓废、沮丧，无所寄托、无所作为是一种常态。想过去就知道，凡是能够"见光"的文字，哪里能够"把你心之所想写出来"？

给故事留一条光明的尾巴

1

林语堂先生说中国"读书人"会生客、托人办事，也要像做"八股"文章，讲究起承转合，不像外国人那样"'此来为某事'直截了当开题"，而是"不但应有风格"，还要有"结构"，它是"四段论"："（一）谈寒暄，评气候；（二）叙往事，追旧谊；（三）谈时事，发感慨；（四）为要奉托之'小事'。"亦即"（一）气象学，（二）史学，（三）政治，（四）经济"。

今天这样的套路大概已派不上用场，不过读林语堂老先生这样的文字，还是心中甚快。真是爱死这个老乡党了。

福建这个地方，不时会贡献一两个比较好玩的人。

2

如果我说

如果我说忧伤，我说的肯定

不是我能够说出的，忧伤像一口

深井，等着你往下跳：巴客、顾北、朱必圣

然后我要找另一种节奏：大荒、鲁亢、水为刀

接电话的时候，耳朵里开始形成水泡

紧张得好像有人要抓住你的手

有的地方深不可测

有的地方，从来无法到达

就是到达了，你也听不到我传回的声音

我说过下午两点钟

机器装在墙里才能轰鸣，浑身颤抖的人

并不是得了病，触摸、安慰、折断的翅膀

潜伏水中的褐色天使

无论何时她都有自己的标志

她在窗外时或者就在窗内

她用健康和放任吸引了部分注视者

我说，每天都是适合的，我说

我总是接着说，然后明确一个主题

所有的心思，都恰如其分地展开在

我说，我包裹着毯子坐在门洞口

3

我尝试着写下一些"分行的文字"，看看每次阅读时会有什么样的感觉。早上我走到办公室时，心里想着某个远在甘肃的朋友，他走向教室的步伐一定比较匆

忙，即使时常心中五味杂陈。站在讲台上时，他是否还
能露出明亮的笑容？

> 在一首诗里，一行诗可能隐藏另外一行
> 如同十字路口，一辆货车可能隐藏另一辆
> 在一个家庭里，一个姐妹可能隐藏另一个
> 所以，当你追求的时候，最好两个都看看
> 否则来了才发现，你可能爱着的是另外一个

这是美国诗人肯尼斯·科克的诗句。今天上午我的
从容，可能隐藏着另外一个事实：我在刚刚抵达的秋日
之中，显得有点漫不经心。

一个不在教室里上课的人，请抓紧时间阅读吧，再
简单的生活中都隐藏着复杂的、脚步正在逐渐加快的衰
亡。——爱读，我们听到了记忆、爱情、渴望的回归，
我愿意直率地追求这样在恍然中保持青春的方式。

4

昨晚和几位老师一起吃饭，说起了陈年往事，我感
慨读书太早绝对是件坏事，一位老师则认真地调侃我一
句："你是典型的笨鸟先飞啊。"

有位朋友认识了一位正在教初三的"非常优秀"的
教师，知道她明年会回到初一，而这位朋友的孩子正读
五年级，为了不错过进入这位优秀老师班级的机会，她

想让孩子不读六年级直接上初一。你想想看，要做到这一点，需要花费多少的心力？问题的另一面则是有必要这样做吗？这样做有哪些麻烦？

我现在是一个不折不扣的"迟读派"，早上学、早毕业、早工作，在我看来，实在不算什么好事。

我的理由还有：

少读一年的小学六年级，可能意味着童年被缩短了一年。

今后孩子再也不可能与现在的同班同学同年级、同班学习了。

母亲费心的规划，孩子未必认同，如果提早进入初一学习，他可能因此成为班上年龄最小的学生，这里面隐藏着诸多的身体、智力、经验、交往等方面的劣势。

那位"非常优秀"的教师，真的如此可靠而且那么重要吗？这也并非多虑，大格局之中，教师的空间很有限。

也许我们都免不了要在某所学校、某个教师身上寄予过于沉重的教育希望。

5

仔细一想这又是一个令人难过的教育故事。我也不想絮絮叨叨了。在各种各样的挣扎之中，我们到哪里寻找自己的学校、自己的老师呢？

6

这是失败的事业。

我常常想，自己也正走在失败者的道路上。

7

很多见解、认识的形成，也都是一个缓慢成熟的过程。

8

教育，我头痛欲裂地想到，该有如何复杂、难以确定、欲罢不能，却又总是试图找到一种可能的图景，让我们置身于可以分类、切割、归纳与复述的流变之中，把理解力变成了一种持续不断的对人性的挖掘？当我要做叙述时，我就被各种各样的轰鸣所打断。

至少我看到各种形态的单一、简单、武断，想当然的强调，各种低劣的涂抹、漠视、随波逐流。今天重新开始的对一所学校的测量应该从哪里着手呢？删节、调整、填充、回避、消除，我先打捞一些词汇，由此去廓开由来已久的被动和盲目。

我将试着使用别的词语，去理解——像是剖开一个果核。

9

据说这是卡佛最后的诗作《最后的断片》：

这一生你得到了

你想要的吗，即使这样？

我得到了。

那你想要什么？

叫我自己亲爱的，感觉自己

在这世上被爱。

10

我还是记录一下我和山西忻州实验中学学生王舒的故事吧。在韩剧中，会称她为"这孩子"，"这孩子"挺令我感动和惊讶的。我是四月的一个上午收到她的书信的。信，我把它贴在我的博客上，主要谈的是读经、推广读经的事，让我惊讶的是她的文字、她的思考、她对教育诚恳的热情，这样的高中生真是极为难得。但更让我惊奇的是她对《教育是慢的艺术》细致、深入的点评，这些真挚、沉着、有自己独到见识的文字，真让人难以相信是出自一个高三学生之手。

她的父母都是教师，她感激自己能够幸运地生在教师之家，这样"我可以坦坦荡荡地做个人"！

如果哪一天，《教育是慢的艺术》出纪念版，我希望把王舒的点评也收入书中。

11

我收到王舒的"礼物"，既幸福又惊奇，在办公室和陈文芳讨论了好几次，也是为了慎重起见，没有立即给她回信，没想到一拖就到了六月，王舒参加高考，离开学校了。我上网找到她学校的网站、电话，往校办公室打了几次电话，都一无所获。

突然想到我认识的山西"奇人"侯永林老师，请他帮忙，没想到一下子就找到了。

12

插播一下："奇人"侯永林老师。

侯老师的确切身份，我至今不知。有一年的某一天，他给我打电话说请我去山西某地讲课，我听着他奇怪的腔调，不太放心，就找了个借口，拒绝了。过了几个月，他又给我打电话，再次邀请我去山西另一地讲课，那时我正好忙，又拒绝了。这个侯老师就对我说："要不夏天请你到运城讲课吧，你不要再拒绝了。"后来我去了运城。讲完课后，侯老师对我说，他听过国内几乎所有能在外面讲课的教育专家的课，大概不下 400 人吧，这些年山西中小学的校长、骨干教师到外地去培训，大都是他带队去的。他也走过国内大部分的名牌中学，山西所有中小学校长中有一定名气的，他也都认识。"你以后什么时候想来山西讲课，只要提早告诉我，都由我来安排。"

不过这之后，虽然侯老师仍是经常来电话邀请，我却一直没去山西。没想到有一天老先生竟对我说："既然你来不了，我就把校长班带到你们福州吧。既可以参观福州的学校，又可以听你的课，也算两全其美。"就这样，他带校长班来了福州两次，还有一次我们是约好在上海给他的太原中学骨干教师们讲课的。

交往多了，聊得也多，老先生说起全国各地教育专家和名师的课，真是如数家珍，他说："你想听谁的课，总是可以找到他的。"

13

侯老师接到我电话的第二天就找到了王舒，今天早上又把相关情况发给我。他说，"这样的事情，找我就对了"，还说，学校想收藏王舒的评点本，"给其他同学做个榜样"，"要给王舒一个奖励"。"另外，校长也想请你方便的时候来给老师和学生做个报告。"

呵，先给这个故事留一条光明的尾巴吧。

我爱一棵树甚于一个人

1

王舒其实是 1992 年出生的小女生，我读她的信先入为主地把她看成是个男孩子。在电话里，她告诉我她高中先读了一年，生病在家待了两年，今年考上了山西农业大学的园林系。她读小学一年级时，在忻州职业技术学院任教的父亲就同意她读"大人"的书。她从小就对国学感兴趣，这两年生病在家又读了很多书，看到《教育是慢的艺术》这个书名，觉得很合自己的心意，就把书买下来了。边看边在书上做札记，密密麻麻的，至少有五万字。（林茶居说要在《教师月刊》第 11 期摘录发表，陈文芳正在做全文的录入）

王舒还告诉我，她在幼儿园任教的母亲已下岗。自己的病已经好了，现在正参加学校的军训，感觉身体还行。

我和陈文芳对她在家自学两年，照样可以考上大学，还读了那么多书，看了不少电影、电视剧，又躲过应试教育的严苛折磨，也甚感欣赏。

"也许所有的孩子都可以只读一年的高中，在家自学两年后参加高考！"

再做一个"随意"的延伸，应试教育在很大程度上剥夺了孩子的快乐、自由阅读的权利，使每个家庭都生活在紧张与恐惧之中，最终使学生成为没有活力、想象力、批判力与创造力的书奴或考试虫。

2

必须记下这一小笔：今晚我和虫虫、老姚几个人在一个小山上的餐馆吃过饭后，又坐在这个小山另一处的咖啡馆喝咖啡，这一切也许都不值得一记，而值得一记的是，我坐的地方，有一棵巨大的香樟树，我简单地判断，它的年龄至少要有两百年了。

我抄录几句贝多芬美妙而夸张的文字：就在这儿，我写下了溪边的景色，而在那边，黄鹂、鹌鹑、夜莺、杜鹃则在树梢上和我一起写作……我什么朋友也没有，我在世界上是孤独一人……地球上没有一个人能像我一样酷爱乡村，我爱一棵树甚于一个人。

3

我无法知道你更爱写下来的文字，还是一直存于心中的默想。在秋日之晨，无论是读几段文字，还是在笔记本上涂涂画画，都是我所乐意的。

今天我是从沮丧中醒过来的。我梦见自己到某地出差，所住的酒店看过去不远处就是火车站，而我办好事正要从车站出发去旅游，没想到当我和同伴会合时，发现还有一个小包遗忘在房间，我返身回去，却怎么也走不到酒店，不是它消失了，而是它在我怎么也走不到的地方。当我返回时，同伴说"你坐出租车去吧"，我还觉得好笑，现在却再也找不到任何的车辆，我一下子就走在乡间的路上，山重水复，一方面担心赶不上火车，一方面又鼓励自己继续前行。

等到在梦里明白这是一个梦时，就醒了过来。

我沮丧的是，几十年来我一直做着类似的梦，去哪里总是到不了，见谁总是见不着，在这些梦中从未有"实现"与"成功"之类的事。

当然这是大可做文章的有关童年匮乏、无助、恐惧的投射，不过现在先不急着去说它。

赫塔·米勒说：每个词都知道某种魔圈。

每个词语都在脸上
知道有某种魔圈
却不将它说出

她说："我们获得的词语越多，我们就越是自由。"

4

卡夫卡笔下永远无法进入的"城堡"是先在梦中出

现还是从想象中所获得而成为永远的梦魇？

我喜爱某些词，由此也爱上了自己的生活，生活通过梦透露出心灵深处的秘密，又因为这样的释放得到调节、放松，梦无碍于生活。

我说的也就是与之和平相处，每个夜晚走进一个梦乡，梦蕴含着无穷无尽的自己的纹理和逻辑，同时又仿佛都经历过了的那样贫乏，再忙碌和曲折的场景最终都会在一个瞬间消失无痕，它真的就不存在吗？

今天，我会想我大概应该显得成熟一些，我需要有别的、更可靠的写作的主题才好——生活就如硬币一般，一面是爱，另一面是宽恕。爱总是残缺、稀薄、令人不安的，而宽恕，我疑心重重地看着这个词，试图培养一种稀有的勇气，身心都已具备了可怕的耐毒性，有一天曾经怀揣仇恨的人不再是死不瞑目，而是最终达成了对世界的和解，"那些恶人，终究也难逃一死"，怜悯也总是先给了自己。

一种对词语的渴望，也许超过了其他一切的期待。

5

今天一直惦念着那棵香樟树，下午和陈文芳又到这家庭院咖啡馆坐了两个多小时。总算把树看得比较真切，它也显得年轻多了，远没有在夜色中那么深沉。满耳是树叶相互摩擦的声音，是鸟的鸣叫。

一个轻松的下午，漫不经心地坐在院落，也是得其
所哉。

6

再走回家大概要一个半小时。

当你走在路上之时，城市才有一种随心的忠诚感。
重复的动作使身体变得诚恳而灵活，最终的到达同时也
意味着家、居所，或者一张椅子，它们都是生活中活生
生的渴望，它把城市的风景收集在秋天的这一时刻——
一个景色还能称之为景色的时刻。

7

一辈子就居住在这个城市了。要不断去寻找可以流
连的所在。

随手写下

真正的事物在窗外，一匹马
就是你走近了
也不知道它仅仅是一匹母马
而不是公与母两者兼有
如果站在远处看
它生锈的车轮，裂开的玻璃
大概都适合做个样本

生活是简单的数字

比如下午，随便写下了 3、9、7、2

然后你一直看着

直到发现其中的寓意

仅仅属于你自己

人如何接受自己的命运

1

由郑州开往西安的火车上，一路都可以看到洪水漫过的玉米地，玉米有的已经枯死、卧倒，有的仍是绿色，但已开始腐锈，死亡或明或暗。颗粒无收的农民，一个也没看到。

有些泥河笨手笨脚地铺开一大片，一直延伸到绿地，甚至爬上小山坡。现在我看到的是它当初歇斯底里之后留下的凌乱的脚步，它已逃往远处，死亡仍驻扎在千姿百态的绿色之中，它朝向唯一的方向，凋谢、枯萎、形单影只。

2

这是一次讲课前的所见，我一直记着在连绵不绝的地里一个农民也没看到，他们都到哪里去了？他们的生活由此又会是什么样子？

面对着三百多位中小学校长时，我又讲起了我之所见。今天做个"普通人"——经过学校的教育，来到城市，成为一个"普通人"实在不容易，生活的成本实在太高，能够获得的机会与"保障"少之又少，而在地里的辛苦劳作的农民，大概就只能挣扎在这片土地上了，甚至连同他们的子女大体也是如此，这一现实情况具有很大的普遍性，"知识改变命运，教育成就未来"，这些词是在什么情形之下才能说得通呢？我们都一起想想吧。

3

一位高中女教师问我："学生骂我'你怎么什么都不懂'，他们总是斥责我，你说我该怎么办？"

一位小学女教师问我："我在离家较远的小镇上教书，一周只有周末回去两天，孩子和我越来越生疏，在我面前总是爱哭，你说我该怎么办？"

还有一位教师问我："我也知道不应该体罚学生，可有的学生总是不听话，给他一巴掌，非常有效，你说我该不该打学生？"

无数的问题。不是这些问题有没有意义，而是，这就是一个个人的问题，"它们不是……它们不是……"你的问题，你有别的问题。

"费力地表达""不停地挣扎"，却又总是重复着自己，回到既定的生活，回到习惯的音符、词汇，"每天开出同样的花一朵"。

4

今天转凉了，起风了。起风了是忘怀的日子，一叶一叶褪去对夏天的记忆。

据说，有些奇怪的动物在这个季节会显得更为害羞。

5

吃到西安赵清风老师家边上老店的"肉夹馍"。赵老师特地赶个大早，想送给我当早点，没想到路上堵车，走了一个半小时，到我讲课的会场，我已开讲了。我就把两个肉夹馍带回了福州。

今天早上我一边吃加温过的肉夹馍，一边想所谓的"原味"：一定是坐在原店，就着一碗热乎乎的、一成不变的原汤，和一群"原人"，趁着肉夹馍还烫乎，不小心肉汁还会溢出，一口连一口，一气吃完，那才是。

又想到真正"原味的店"，你进店时，伙计从不问你吃什么，而只问你要几个。因为它只卖这一块馍，天天如此，年年如此，代代如此。老板就是大师傅，帮手的全是家人，每天事无巨细，看似都是简单的重复，其实每天的工作精益求精，从不出差错，以至于每一块馍中都住着一个家神，一种可靠的精神，就算世界变化，一家好吃的肉夹馍店仍然开在西安的某条老街上。

6

前几天，石梅小学的顾泳校长给我短信，说是校园里桂花正香，要坐在桂花亭下喝喝茶，聊聊学校要做的事情，那应该很美妙。前天她又打电话给我，说学校的校史已正式出版，拟举行首发式，咨询我地点是放在操场还是桂花庭院，是白天还是晚上，按我的选择当然是夜晚的桂花庭院。顾校长听后又接着说了一句："这一周是校园中桂花开得最好的时候，你是否安排时间来赏玩一下？"

对这些生活中明亮的事物，我内心说的一定是愿意、愿意。

7

弗兰西斯·蓬热以如此的笔触划过：

植物的时间：它们似乎总是凝固不动的。我们转过身去两三天，一礼拜……植物的姿态更鲜明了，肢体更繁茂了。身份未改，形状却是越长越好看了。

凋零的花朵美：花瓣蜷缩，像是被火烧过……事实如此：花瓣脱水了，蜷缩以裸露种子……它们决定给种子机会，给种子自由的空间。

这时自然出现在花朵面前，强迫她开启、分裂：她蜷缩，扭曲，后退，让获胜的种子走出母体。

植物的时间化为空间。

8

今天读到一些句子：

欲望的日益消失使我很惭愧，我再也不像期待一种爱一样兴奋不已、奋不顾身了，枯萎是一种灵魂的坏死症。

在重复之中失去的是什么？我保留了对你的忠诚，但你可以不再相信我。

人类愈是残酷，人却愈可能仍是善良的。

露营在山顶上的人，原是要看星星的，但却听到了奇异的雨，她发现用整个身体去听时，雨落下后是一盏一盏盛在身体之中的——回旋、穿越、慢慢渗入时已不再是水。

9

一个人若能失而复得，所得到的可能就是他的一种向往和想象，那也便无所谓得与不得了。

我想的是思想的回归，闲适、宁静，所以你可以想你愿意想的任何事情。

10

哈扎拉尔说在他那个"非常态"的地方，最为有效的就是掌控，也就是将一切反抗、非议、抵制、申诉等消灭于萌芽与初始状态。同时，只要你细加思考就会发现，其实在这个地方一切的设计与执行都是错误百出的，但是有效的掌控力往往能使"非常态"的地方"安稳"地运行，因为打破如此的"平衡"需要更加强大的冲击力或某种非常事件，有时也需要一种特殊的命运对旧有的"运势"进行破坏，在一般情形之下，也可以说变革从未发生。——每个人行善的努力既可能是一种对变革力量的累积，又可能是一种自我的精神需求、一种洁癖，很难说对世道能有多少助益。——今天早晨，我想到了哈扎拉尔先生，我和他的对话又得以延续。

就这个"非常态"地方的一般状态而言，我与之是没有"互动"可言的，正像瓦尔特·本雅明说的那样，"我带着惊异领悟到，世界上没有什么能迫使我承认这个世界的存在"。它有自己的逻辑、手段、胃口，它一如既往，又将使欺骗与乏味进一步贯彻，它就是一种叫作"持续"的怪兽，孔武有力，生机勃勃。

11

在我为数不多的学生中，有一对结成了夫妻，他们的孩子明年就要上小学了，希望我描绘一下学校。"您在小学听过那么多的课，认识那么多校长和教师，您说说什么样的小学比较好？"

我如何描绘，才算把话说得客观，恰当，对他们有所启发？

"你最好不要太相信学校，父母对孩子的意义是任何学校都不能代替的。"

"你最好去了解一下这所学校的校长，如果他热衷于宣传，又特别强势，你就不要把孩子送到这所学校了。"

"如果学校离你家太远，每天要花一个多小时送孩子，不如选择一所比较近的。"

"最好把孩子送到一所大部分学生的家庭背景和你相似的学校。"

"没有不严厉的小学，你可以考虑一所严厉的，而不是挑选更严厉或最严厉的。"

"你应该尽量与孩子的老师多沟通，让老师明白孩子'这样子'是原来就是'这样子'，而不是他故意要与老师捣乱。"

"最重要的，每天晚上，你们至少要有一个人陪孩子吃饭，看护他作业和睡眠，孩子形成了较好的'学校生活习惯'，就不会有太大的问题了。"

"不要抱怨学校，它很可能就是那样子了，多想想你们自己可以做的。"

······

总是说了又说。我倒是发现我已与这个时代的学校建立了某种盟约——我并没有批评或歪曲教育，而是我渐渐地理解了"就是这样的教育"。被动、乏力和几乎没有别的选择的时代，教育也许就是不得不经历的怜惜，然后才能辨别身临其中的生与死、损坏与某些帮助。

"人应该接受自己的命运。"

寻找一个恰当的词修行

1

每当我动笔，总是希望从一个恰当的词开始。然而什么样的词才是恰当的呢？

过节时会收到各种各样的短信，今天中秋节，收到江小鱼的，颇有意思，照录如下：当此人类前景混乱莫名的年代，却有幸和你相遇，遂借月光之名，潜入你的内心，不为抚平焦虑，只道一声安好，彼此珍重。

前几天江小鱼到福州，我们见了一面。我们长得颇为相似，形同"套娃"，彼此时常有相互"照照镜子"的愿望。

最近几乎没有写什么字了，我的笔记本也是空白的，自己正在校对的文稿，也总是为厌倦感所打断。

夏天无疑要结束了，而我花在对抗暑热上的时间总是太多，一年总有几个月一直都在恍惚之中。这漫长的时光，很多的念头都闪闪烁烁的，犹如即将灭绝的死火。

"一滴雨杀死了夏天"，那是在希腊。

那是埃利蒂斯的一直闪动在我脑海中的诗句。

2

今天，当我落笔之时，竟然想到鲁迅先生"夜正长，路也正长"这仍然洋溢着淡淡希望的句子。我已经很久没有与这样的句子照面了。而今天文字的由头则是由一位老先生引起的，他退休已16年，不时会到我办公室坐上一会儿，每次总是谈他"最近"的研究与写作："现在我是五部书同时在写，有一部已写到三十万字，计划要写到五十万，还有一部也写到二十多万字了。重要的是打通脉络，形成体系。我做的是揭示底细、探明究竟的工作。""现在我是脑体结合，写作时脉搏每分钟60左右，很稳定。""写吧，这是留诸后人的事业，大概会送到新加坡出版，下次来，我先把五篇序给你看看，不在网络上传了。"

我零零散散记下上面几个句子。当我聆听老先生的述说之时，脑中跳出的正是那个"格言"。

最近我一直寻找一种笔触，淡到几乎于无的"墨迹"，我知道自己尚未修炼到如此的火候。

前几天坐在乡下的院子里，看着郁郁葱葱的树，想到强烈的内心的渴望，就是如何才能"不带怨恨、敌意和坏心肠"地去看这个世界。一个人不把这些恶意带入对生活、历史、记忆的分析，想必是一件十分困难的事。

我仿佛总是在等待能够继续写作那一刻。

我愿意把所有的等待看作是一种修行。

有一天半夜睡不着，就拖着也没睡觉的女儿说几句：不是年纪越大越丧失了应有的立场，我倒愿意自己能够从此学习如何变得心平气和。很小的时候写文章动不动就用"无怨无悔"，现在才知道我们被教育得善于用"大词"，比如，"我是凭良心教书的"，也是一例。教书凭的是"良心"，这是多么了不起的境界？而要做到"无怨无悔"，用的是一辈子的工夫。

夏天，我总是畏惧的，年年如此，年年都是挨着过的，像随时等着因窒息而"英年早逝"似的。现在总算是可以比较自由地呼吸了。

最近想到"又过去"的这一个十年，我写过的无数的句子。

3

大概，我无法做到把自己已经出版的书中的任何一本从头到尾再看上一遍，我不是善于遗忘的人，我刻意遗忘，这样就是不断重复自己，也像是"真的没发生过一样"——我是一个絮絮叨叨的人，无论我是否开口，这些零乱的思绪构成了我生活的主要部分，活在其中就是活的状态。

一个人如果能够保持永久的惊讶该有多好。

不是你熟知、无数次目睹、能够作出清晰的判断那样自如、自信地生活其中，而是总有一种幸运降临，你永远是第一次看见，第一次亲临，开出第一朵生命之花那样。我愿意在无数次相遇之后，继续获得自己最初的那一次。

希望能够以谦卑之心，不断地从已知中看到未知，从未知中窥见已知，一直做到静下神来，眷顾每个平平常常的日子。

这样，所有写下的字，也都是一种自我眷顾。

4

当我写这些字时，女儿正在天上飞翔。她正要去往"异国他乡"。

"你是这一生，我收到的最大礼物，

这一生，我可以继续活着。"

我的好朋友哈扎拉尔也很久没有对我说什么了，但是他的一些句子我还记得。

5

哈扎拉尔说："我最近得了中年忧郁症。"有人问他："你还缺什么呢？"

哈扎拉尔说："我缺少活着的热情和自信。"

哈扎拉尔说："忧郁由心而生，年轻时得的病犹可治，但年轻时没有治愈的，从此要绵延一生。"

6

由此写下一个句子：

教育学重要的也是让人获得安慰吧！

7

继续抄录：

为使人生幸福，就得喜爱日常的琐事，云之光、竹之摇曳、群雀之噪鸣、行人之容颜——从这一切日常的琐事中，体味出无上的美味。但要喜爱琐事，便得为琐事而苦恼。我们为了微妙地享乐，也得微妙地受苦。

——芥川龙之介《琐事》

8

"以前那种小开本的小人书有一种希望依偎在妈妈身边的给人温暖的感觉。但是现在 32 开的儿童读物，书原先具有的那种亲切感荡然无存，有一种母亲被赶到遥远的某地的感觉。"

这是瓦尔特·本雅明写下的句子。

怎样奇妙的、从未被人说出的感受。

9

下午，我逃了一次"课"，我不到办公室了，我给巴客发了一条短信：你在干吗呢？

巴客回复我：你过来吧。

然后，我们就分别到了七米咖啡馆。

我需要这样离开一会儿。我竟然因此松了一口气。

10

我重新开始的是关于"小事物"的教育学吗？

安静、单调、重复，还有平衡、因循守旧、处乱不惊，一种每天都在蠕动，又始终安于晦涩与清澈的宁静之物。

你找到自己的语调，才能知道自己要说的话。

11

不能简单地归因于我已经工作太久了，现在需要停下脚步——疲倦感时常也是一种中年心态——我真愿意自己还能有一种"青春的热情"，有一种始终把目光投注于"去改变"的冲动。

我试图在所思、所读、所写、所说之中，认出自己所恐惧的事物——一种日益加深的飘离感。

12

我远离了真正的现场，我过着"二手"的生活——当我阅读教育作品时，想到了一种因隔离而产生隔膜感的对教育的理解力。

13

托尔斯泰非常喜欢援引的一句话："请原谅我写得太长，我实在没有时间写得短一些。"

14

斯坦贝克曾说："一部作品像一个人——聪明和愚笨，勇敢和怯懦，漂亮和丑陋，为了每一种神思妙想，就会有一页文稿像一条湿淋淋的、生疥癣的杂种狗；为了每一趟翻筋斗飞行，就会有一次翅膀的抖动，提示你：太靠近太阳，蜂蜡固定不住羽翼。"

15

英国作家卡内蒂曾有这样的句子："在他身上一部分变老而另一部分尚未诞生。"每个人都可以想到，这写的就是"我自己"。

而我明白，有些句子是需要有无数安静之夜的酝酿，才能生出它"原来的样子"，它不仅揭示出事物的某种状态，而且一旦写下来，就呈现出一种完美：就是这样了，你无须再做任何的说明或是修正。

我也给自己无数次在倾听中去辨认自己的机会——"用一生去了解一个人，并把他保存在秘密里"。

更为轻柔的"羞怯的压力"

1

所有风景的美感唤起的渴望中，最为强烈的往往是回家的召唤。

某一天，当你情不自禁地要称赞自己的故乡，是那种对家的眷恋使我们得以游历四方，在返回中离别，在离别中再也难以重返，我们已经把故乡"软化"，最终成了虚拟的一部分。无须确证，它就在那里，却再也无法走近。一个人要理解自己的家、故土、祖屋，所要耗费的心神绝不比自己在那里生活的时间少。明白了这一点，你的心就像被穿了一个几乎无法愈合的洞。乡愁，连绵不绝的分离感不仅仅只属于那些背井离乡的人们。

狄兰·托马斯说："手没有眼泪可流。"手轻抚着称为家的记忆，并把点点滴滴编织进了一种召唤，持续的，永恒的，丧失的。

那些心事沉沉的人感到一种从未离开过的"羞怯的压力"，"那压力比罪孽更令人心情沉重，但又比声音和气味更为轻柔"——这是詹姆斯·乔伊斯的句子。今天

36

上午，我坐下来就摸索着一些文字，它深深地鸣响过，却在你捕捉时，几乎等于无。我喜爱的安静中，有足够的从容和耐心用于无尽的缅想，一种使自己变得有所归依与寄托的渴望，统治着我的灵魂。但这些文字并没有帮助我建立这样的依靠，只不过我早已习惯了纸上的游历，生命之光仿佛也一直照在那里。

先尽我们的力量所及想一想。

2

总是持续不断地想到教育，思考就是一种存在的方式。现在我也乐意不断地把刚刚想的、正在想的、尚不清晰的思考和朋友讲一讲，甚至也会对坐到我身边的陌生人说一说。

那天我在飞机上问身边的两位中年男子："如果你孩子大学已经毕业两年了，还向你要钱，你会给吗？"

"半年内会给，毕业两年了，不会给。"

"为什么？"

"因为他都毕业两年了，应该自食其力，以前我一毕业，父亲就不给我钱了。"

"以前的处境和现在一样吗？"

"不一样，但也要自食其力。"

"你仔细想一下，如果他无法自食其力，比如，失业了，或者是他赚的钱无法养活自己，怎么办？"

"他应该去借钱。"

"向谁借？只能向父母借吧？"

"哈，大概！如果是你呢，会给他钱吗？"

"会的，一定会的，只要有能力，我愿意一辈子都给他钱！"

我不是盲目地疼爱，我也明白只要你教育得"对"，孩子也不会无限度地索要，但无论何时你都要比这个世界更爱你的孩子。

3

思维跳出来的人，总是喜欢空发议论。

哈扎拉尔在给友人的信中写道："这就是我忧伤和悲愤的最大的秘密。除非你也和大多数人一样，身陷其中，早已得上斯德哥尔摩综合征，要不然，你怎么可能从体制肮脏、嘈杂和混乱之中，未看到它所包裹的邪恶之心呢？""铲除腐败最为妥当的方式就是将之埋入深土，待自然之力经过无数岁月之功使它变为新土，哈，请你再听听从来就没有变为现实的老生常谈吧。"

"地狱的火焰是没有光亮的，都格外灼热，能够吞噬一切。"

4

一个下午，我也就是读读写写，有时想，要是运气好的话，我会碰上一两个好句子，最好是我从自己生命中所获得的特殊的"看见"——现在我常常希望自己成为一个无所谓的随笔作家，生活着就是为了求得一些句子——"我希望我没有绊住你"，一个能够屏住呼吸、辨别自己韵律的人。

有人说他曾看见我目光盯着某处看，久久都收不回来，我告诉他其实我的心神已经收回来，只是现在已显愚钝，我对自己的眼神还停留在某处，竟毫无察觉。

时常要决定一件事也是这样，要专门空出时间想了又想，才能理清线索，这样的笨重感，很像爬一座山，"他终于爬了上去"。

我乐意在这个落雨的下午听听谁的声音呢？某一声亲切、喜乐却又带着悲悯的话语，"像露水一样洒在他那容易感伤的心上"。有时我会想到继续活下去的很久以后的日子，逐渐加强的是一种老年忧郁症的恐惧感，这是我经常害怕的。

5

我特别关注一部长篇小说是怎样开头的，时常，我们可能会忘了整部小说的内容，却记得这第一句。仿佛它就写了这一句。

在《侏儒》一书中，瑞典作家巴·拉格维斯是这样开头的：

我身高二十六英寸，仪表堂堂，身材匀称，头也许略为大了点儿。我的头发与众不同，不是黑色，而是带点红色，一头硬挺挺的浓发，从鬓角和宽阔而不太高的额头向后拢起。我脸上无须，除此以外跟别的男人的脸完全一样。我的双眉连在一起。我很有点力气，特别是在被人惹恼了的时候。我和约沙法之间的那次摔跤比赛安排好了之后，用了二十分钟我就把他仰天摔倒，掐死了他。从此之后我就成为这个宫廷中唯一的侏儒。

很多年前买这部小说，就因为这个开头。多年以后，我几乎记不得小说还写了什么，却仍然使这样的句子深藏在记忆之中。

这样的开头，直接、出人意外。

同时，我作为一个矮个子，侏儒的哥哥，也格外喜爱这个自我描述的坦率和自得，"我身高二十六英寸，仪表堂堂，身材匀称，头也许略为大了点儿"。人生命中所有的一切，都只属于你，这也是命运的一部分。

多年以后，我谈论教育，总是要从这里谈起。

6

每个人也都是要寻找某一个"开头"的，如果谈论教育，他就获得了一个支撑点，由此定下语调、节奏和展开的轮廓，谈论其他话题，大体也如此。

你会发现越是"成熟"的写作者，越是有自己的这一个句子，他简直就应该这样，也不可摆脱的只能这样。

如此，大概也够了。

7

你当然还会追寻各种变化，有时你还会以为自己已经变得很厉害，我不得不说，事实还不是这么回事。

8

我很希望自己能写一些语义密集而语态从容、舒展的句子。

在《哈扎尔辞典》中，有这样奇怪的描述："这些声音出发时是男声，而完成旅行时却变成女声了。"

9

再造一个你完全可以有不同参解的句子：

你要小心啊，你的未来正在破坏你的过去！

2011年10月的第三天，我早早就睡了，却很快又醒来，我实在不习惯早睡早起。几天来读的书像沉重的浮云塞满我的脑袋，它飘得越来越慢，越来越不真实。

50 岁以后要做的事情

1

赵赵告诉我，一个人 50 岁以后会有做一件从未曾想过的事的冲动，比如，有些从没有写作过的人想写一部长篇，做一个诗人，写一部家族史什么的。她说的还是文学方面的，这样铺垫的目的是希望我以后也写一部家族史。这自然是我不敢想的，况且我对家族与父母其实都知之甚少，更要紧的是我缺少做一件需要长时间准备与潜心琢磨的事的信心。此外还有一个麻烦，福州话与普通话相去甚远，而现在我几乎难以用方言完整、清楚地"表情达意"，词汇完全不够用，在长辈面前该如何说话的语气、措词、微妙的转折等能力大都丧失，"灵魂失去在自己土地上的骨架，只有属于个人的记忆还比较可靠"。赵赵这个建议在我这儿实现的可能性暂时还看不到。

2

今天一位北方的朋友到了家乡附近某处山青水静的

所在，便告诉我希望我也在这样的风景之中。这真是一个美好的祝福。不过我收到短信的那会儿，正想着有关故乡的话题，我所愿意的，就写在回复的短信之中了，"我希望自己最终能够死在老家的乡村庭院"。后来我想想，发现"乡村庭院"四个字别有一番简朴而可爱的诗意：宽敞明亮，空气透彻，绿树遮映，旧式的木构房屋，瓜果飘香。哈，对大自然而言，我们还不算是个聋子。

3

真正美妙的词句总是像树上的苹果，坚硬，香甜，形态圆润，它不是你所杜撰，而是从树上自然长出，日渐圆熟，你看到时常常会从一个苹果想到无数的苹果，又由苹果想到你所爱恋的，甚至还来不及想到过的美好事物，它们只可能在一些书中存在过。"一个人纵然具有天赋，在他有所创造之前，他仍然需要领受别的恩泽：有足够的时间用来阅读。"

4

"我在半夜写下的句子，我会在清晨读它。"我笨拙地模仿某著名诗篇的句式，我说的都是实话，我写下的句子总是经过自己无数次的阅读，直到我确认它就是这个"样子"为止。并非它就此已经达到了极致，而是我认为这个样子，已是我能够接受，或是它只能这样了，我实在没有别的办法。我既在睡乡做个捕梦者，又在清晨的南风中翻动书页，还在散乱的笔记本上写字，"我们臆想中的文字，因为填充岁月的空洞，而使活着的每一天看上去也有了自己的意义"。

5

但是，"使生活变得空虚的，正是来自这些意义"，"意义是一些可笑的爬虫，所经过之处也只是留下了一些特殊的颜色，如果不细加辨别，其实你并不能看清什么"。

6

我继续仿写一些句子：

"这个帝国像一顿难消化的晚宴在我梦里重现。"

"那些清晨不是在林中散步，而是继续像在夜间一样忧思的人无福了。学问是一件容易变质的商品，一不小心就会发霉腐烂，如同一个人的未来。"

"一个人的不同是由他的本质所致，即使你无法说出何为本质，他也已因为这个不同，而成为他那个样子。"

"如果你发现自己的身体变了气味，那是由你的恐惧所致。"

"你可以在内心与帝国争战，但在清晨时却不得不向一根刺在肉中的刺俯首称臣，整个夜晚你在疼痛的似睡非睡之中，发现幸福显得既近又小。"

"某一种语言最为贵重，这个价格不是由语言本身所决定，而是那些使用这些语言的人，他们为继续活在这些语言中所付出的代价决定。"

7

你不能不说那些梦幻之书最容易使人浮想联翩，而梦幻之书的源头总是无从查考。有时候我会想，当你说一个儿童在学校是快乐的，这快乐该如何予以界定？是听从儿童的自我感受，还是从不同的儿童状态中所获得的比较，或者从教师多年的工作经验中得出，乃至仅仅按照某种美国式的评价数据？其实每一种生活都是梦幻之书，你懂得整体，才能对局部和细节作出判断，但从局部和细节中却无法推导出整体，就像你永远无法知道自己眼前的儿童是否快乐那样。

8

有时会说某个人"满腔妒火"，嫉妒常常有着难以扼制又难以估量的力量，嫉妒最常在关系亲密者之间产生，甚至可以说，如果不是因为关系亲密，嫉妒往往难以产生，这是嫉妒的第一特性。

有人曾经嫉妒过家中书房的一只老鼠，"它非盲非聋，所有的书籍却只对它的牙齿有益"。

9

居然有这样的说法：

在这世界上，除了上帝的语言，其他所有的语言皆为痛苦的语言，皆为疼痛的辞典。

还有：

我们是深埋在自己树荫下的树木。

……

我常常发现我阅读的乐趣的主要部分，就在于做这样的摘抄工作，一本书如果能让我不断停下脚步，动手记录，这样的书就如饥渴者眼中的水和粮食，是羊寻觅的晶盐。我通过复杂的指法的操练，接近了自己所喜爱的某个节奏。一个人正是要聆听无数的旋律，才能找到自己的节奏。与其说一个人要通过无数的经历去认识自己，不如说找到自己恰恰需要的就是这样的历练。在对世界眼花缭乱的观看中，你的眼力也变得更为可靠。

10

午饭后我坐在那儿东看看西瞅瞅，睡意突然来临，大概有两分多钟，我就失去了所有的注意力，然后在恍惚之间又醒了。走到院子里，天已下过一些雨，凉意增加了。我观察各种叶片上的水珠，最后看到一棵小木瓜叶子的水珠最为独特，在巴掌大的叶子上水珠竟有数百颗，白得如同染上某种我说不出的特殊的颜色，密密麻麻又互不相连，大自然以你惊讶的方式显现了一下微妙的神性——傍晚我向老父亲建议，在院子的东边角落植上一棵香樟树，我已经想象到数年之后它把自己打开的样子。

11

今天我们谈些什么才好？院子里无花果长得不太景气，似乎这样的树喜阴，不宜植在阳光明媚的地方，两棵芭乐越长越高，但它的香味引来无数的果蝇，一旦被叮上，芭乐便烂了，一颗都不能吃。有三棵桃树，花开各不相同，但都不落果，只是用来观赏颜色的，不过一年之中，只有那么几天，我如果来不及回家，就看不到了。芒果树也是越长越高，它的叶子很攒灰尘，看上去又脏又笨拙。开春我们还是在东边的墙角种一棵香樟吧，香樟是南国的美男子，同时还是老寿星，几百年后，也许它还会守在这里。那时，那时⋯⋯

坐在自己家的院子里打瞌睡

1

按照米洛拉德·帕维奇在他的天才小说《哈扎尔辞典》中的说法，一个人无论如何明媚、清晰，而他投在地上的影子，却可能是晦暗不明的，影子"不是你身体的一部分，而是你梦的投射"，"影子和它的实体的关系不是直接、对等的，影子中折射了实体不为人知的复杂性"，"两个'是'之间的差别也许大于'是'与'非'之间的差别"。

基于对人和万物想当然、希望快快就能作出评判的耐心缺乏，一方面我们变得越来越急躁、易于冲动，另一方面我们对自己的感觉系统再也无法信任，迟钝和瞌睡产生的思维的迷雾，遮掩了双目。有一些人，也许他察觉到了这些对峙，他为了从某种平衡中返回自己的平静，而陷入了无穷的冥想，他把睡眠变成了没有尽头的操场。

2

我的表哥其实和我生在同一个年份，因为他比我大不了多少，所以我一直都直呼他的名字。从小学开始，他在学习上就没有取得过良好的成绩，不过他对此不大上心，和我在一起时不会说到读书的事，更不会流露出半点的忧虑。他有一双安静的大眼睛，说话也不急躁，读完初中就不上学了，这之后他把头发梳成大背头，一天到晚都油光光的，显得帅气而又成熟，我不太习惯他这个样子，慢慢交往就少了。他先是到我父亲手下学做线面，这是很辛苦的手工活，要起得很早，又费体力，我很担心表哥是否能坚持。偶尔看到他，衣服上虽然沾了一些面粉，头发还是往后梳的，只是不再油光光了，但人看上去还是很清秀。

不久这个集体面厂就倒了，他回到自己家，结了婚，又做了几年线面，然后开始在家门口摆台球桌子，还开过小店铺。我颇为他的生计担心，每次见到姑姑总是会问起表哥的境况。这几年，他的生活突然好了起来。因为村里外来务工者越来越多，他把自己的房子不断加层、扩大，租给别人赚了不少钱，还有一个台湾老板常年租他的房子却不住，照样付钱给他，就因为觉得东西放他家里放心。说来也好玩，表哥不知何时会了一门独门绝技，只要他看一眼那些来租房的人，就知道这人是否可靠。渐渐地，周围的人要租房子给别人也找他去看，有的他一看就说，这人是偷电动车的，这人在后山牵过别人的羊，这人在老家出了事逃出来的……说的几乎没差错。有些邻居在他不在时把房子租出去了，等他回来一看，如果不可靠照样要把租客赶走。姑姑告诉我，就因为这样，她们家那个社区治安一直很好，从没遇过贼。

3

我尽可能用简略的文字平静地写下表哥的一些"侧影"，他是无法看到这些的。我们现在一年也见不到一次，住得太近，反而不会专程去拜访，于是十年过去了，二十年过去了，乡间也不再是原来那个样子。昨天妹妹还和我说起姑姑对表哥的态度，姑姑一贯的原则就是不干预、不着急。以前表哥书读不好，姑姑也只是说："看来桂华（表哥的名字）吃不了读书的饭，以后去做工吧。"表哥成家后，整日游手好闲，姑姑的态度也是："那是他自己的事，他总要做一口饭吃吧。"表哥生了孩子，姑姑照样什么都不管："这怎么做得起，人家有自己的母亲。"——料理孩子不是祖母的事。姑姑和姑丈开了小吃店，自己赚钱过活，"我能做，就做到死吧，孩子的钱花起来很'启亏'（福州话，很辛苦、很麻烦的意思）"。

姑姑从小就被送人做了童养媳，姑丈也是从小过继给人家做儿子的，他们生活的艰难可以想象。但是，姑姑又是一个了不起的人，后来她周围的人居然都叫她"雪花哥"！"雪花"是她的名字，一个女人被人尊为"哥"，真是太奇怪了。

4

我还是受了赵赵的启发，回到乡下和家里人谈得最多的就是陈年往事。

"仿佛一种新奇的、前所未有的寂静飘进了他的沉默，使他不得不开始对自己的倾听。"

我有时也会被童年时的某个细节迷住，当我百思不得其解时，我就像潜入了另一个自己仍然在继续展开的梦之中，不是有可能接近真谛，而是，我知道人生的很多过去是无解的，这正如重在轻中瓦解，重不断地被抛出，轻又变成了重，在无法预知的轨迹中，保留在记忆中的细节仿佛都未曾发生过。

5

当我们张口时，可能并不知道自己要讲什么，或一下子忘记了要讲的一切，也有可能是我们已经讲到一半时，突然便哑口无言了，因为我们对自己已讲过的一切完全没有了记忆。一个人张口，我们便有可能听到寂静之声，听到他自己忘记的一切，听到漂浮的话语如何变得孤单无助——最终这样的事情是一定会发生的。

6

有几天，我的写作是在半夜才开始的，就像和自己做了约定一样。我所有的文字都摘自一本幻想之书，我不用费力捕捉什么，我由着自己的笔对时间展开摸索，我手指上的果实一天比一天饱满多汁、鲜美甘甜。

7

我时常等待着对教育有新的发现。为此，我每天都试图记下什么，或者通过观察与顿悟产生新的理解。这是我的本份，我希望有新词带领着我向前。

今天，我从一个五岁的男孩身上明白了一个小小的秘密：

越是受宠爱的孩子，他的第一反应能力越强，他总是像条件反射一样极迅速作出自己的"表现"，也就是：我说、我要、我行动……自我很少受到抑制，很难形成思考和克制力，所谓"先想一想，再行动"往往比你所想象的更不容易做到。

由此吸引我去发现不同类型的孩子。

我将在另外的章节详谈这个话题。

8

我坐在院子里观察小狗小威的生活。小威的乐趣之一是在花丛中捕捉飞舞的蜜蜂，同样在花丛中飞舞的蝴蝶则不入它的狗眼。它会花上几十分钟做这样的事：头一直仰视着花冠，随着蜜蜂"画的圈圈"不时作出身体跳跃，或举起前爪向空中猛扑的动作。它的眼神专注、机警，动作快速、优美。母亲告诉我，小威每天都这样，累了，就歇一会儿，好像没看到它捉到过蜜蜂，要不然它的嘴巴就惨了。小威显然不知道这一点。有时我看见它从梦中醒来，一跃而起，双脚扑向天空，它以为自己是谁？它这样的意愿来自何方？

9

坐在院子里，我发现自己格局很小，气量实在也不大。一个喜欢静止不动的人往往会把一棵树看成一部巨著，一片树叶就是一个倾诉者，地上的一个阴影仿佛也蕴含着复杂的命运。如果我偷懒，我就会在椅子上似睡非睡，秋天不时乍现明媚的光亮，转眼又变得满怀心事，有时你在那里坐着，也会忘了时间到底属于哪个维度——有个哲学家说："背自己的十字架似乎要比背别人的十字架更难。"我套用一下这个句式：如果一个人要选择一个院子瞌睡，最好还是选自己家的。

故乡空气中弥漫着什么气味

1

每篇待写的文章总归会有一个开头，无论是否恰当，一篇文章一旦开了头，接着写就容易了。凡事也都是这样。

一个古镇如果有一座老屋被拆除，其他老屋的命运大体也就如此了。

所以可怕的并不是拆除时如何粗暴、武断，而是那只决定小镇生死的手。当它没落下时，我们甚至不知道会有这样的手，人在变化到来之前，怎么无知也都是正常的——一颗子弹要飞多久，才会击中目标？子弹知道，目标不可能知道。

我把写文章的开头，类同于房屋的拆除，我是给自己开一个玩笑。

它们只有一点相同，它们都是一种破坏。落笔破坏了沉默与宁静，拆除使生活的记忆和生命的历史荡然无存。

我说自己格局很小，就在于我走在别的什么地方，总是油然想到自家的院子、久别的树木，我在歌咏时免不了掺杂渴望拥有它的贪念。

我爱小国寡民，日出而作，日没而息；我爱抱残守缺，在鸡犬之声中做着小地主的梦。

2

说到古镇也并非没有来由。

你的脚走到那里时，你就知道古镇早就不见了踪影。坐在一个酒家的院子里，我们抬头还能看到目前还无法拆除的旧月亮。也许有一天他们的拆除也能抵达那里。

这样的能力确实已越来越强大。

3

为了显示令人同情的悲凄与绝望感，一个乞丐往往步履沉重、缓慢，除非出于某种特别的需要，没有乞丐会健步如飞的。哈扎拉尔曾写道："就是做了乞丐，也要有自己的方式，卑微和感激、冷漠和麻木、狡猾和小心，常是他们被人看到的样子，人们渐渐忘了，他们都是等待中的人，无论是否发出声音，他们已经将悲切的情绪在空气中传递，有时人们厌恶他们，是因为害怕从他们身上看到自己的样子。因为每个人都知道这并不奇怪。"

先插播一下，我的笔时不时逸向的地方：

我看到空虚，或者一个冰湖

汽车驶过，车上的人

都在担心，但他们的担心中

传达出奇妙的热情

明亮的冰面

没有喊声，喊声在冰下的黑暗

我曾在南方的湖浸泡过

我曾朝着远处呼唤

我所得到的安慰够我用上一夜

现在太阳就要落下

远山仍在和我默默亲近

4

有时，写作就是在文字中和自己捉迷藏。我写下一个句子时，并不知道它连带着会出现什么样的结果。我的体会是，我擅长不停地拐弯，因为只有这样，我才能把这种游戏引向持续与意料之外。写作不是为了解决问题，而是迷恋停顿、幻想，希望找到热爱生活的魔法术，使一个个夜晚变得更为可信。

5

我在一个节日访问了姑姑的家，我看到我以前去姑姑家常住的房子变得十分矮小，我很奇怪它以前是怎样住着一家人的。按一般的思维是，因为你那时候是个小孩子，所以看到的房子和其他事物都特别高大，现在长大了，它们在你眼中也就变得矮小了。大概这说的也不错。不过，可能还有另一种情况，就是儿童眼中的世界的比例，本来就是一种"儿童的尺寸"，它并不是正常的人与世界的比例，而现在的比例才是"正常"的，但是在这个"正常"中，世界万物都变得实实在在，合乎它的尺寸，却失去了它的魅力。

于是房屋不再高大，树木也变得矮小，江河一望就到了它的边际，风车怎么也不可能成为魔鬼。

6

没有什么事物会显得格外悲伤，如果你没有特别悲伤地盯着它看的话。我曾有一张我六岁时的照片，是和祖母一起照的，祖母坐在有靠背的木椅上，毫无表情地看着镜头，而我则低头在掰一颗糖，样子很是专注。据说当时因为我不肯拍照，刚从黑龙江回来探亲的堂叔就给了我一颗糖。

这是我照的第一张照片。这很可能是我吃到的第一颗从城市里带回来的糖。

我还记得另一个细节，我的堂叔让我单独坐在椅子上拍了一张，我显得很兴奋，不过后来堂叔说，没有"相底"了。估计他当时只是做了一个样子。

7

昨天和台北来的张世宗先生一起参观了福州马尾船

政文化博物馆。看到无数马尾船政学校的学员都是闽侯人，更为好玩的是，这些乡亲中不少人和我的长相很相像，一种地方性的文化痕迹。这些人都是近代中国海军的先驱，不少人还对整个国家的近代化进程产生了影响。

今天，我们到闽侯县白沙镇山间观赏了光绪年间建成的廊桥、始建于三百多年前的古民居、一棵植于 1736 年的榕树。

先记下这些吧。

8

看闽侯白沙镇新坡村的江氏古民居，转到山后，才看到那棵据说植于 1736 年的巨型榕树，陪同的一位朋友说，当时边上那所小学撤校，场地出售，很想把它买下来盖个房子，用围墙把这棵榕树也圈在院子里，这样就像自己家的树了。我说："你应该庆幸没做成这样的事，一棵近三百年的大树，宜远看，宜仰视，宜惊叹，宜敬畏，无论以你的寿命、承受力都不宜和它'住'在一起。"

我在周围看了下，发现榕树尚未被作为古榕树"注册"，不过它的格局天成，神秘莫言，自是一生无碍了。

9

在山间穿过数百年的石砌官道，下坡观看远济廊桥时，遇上一片树林，一群人竟无人识得。树林花香很是奇怪，香甜又加夹着某种腥味，而且愈闻愈浓烈，大家都在形容这到底是什么味道，最后白沙小学一位老师的答案获得普遍认同：煮熟的猪大肠的味道。

所谓的确切，常常要经过多重的"转换"，像是一层一层的窗户纸，一层捅破则现出另一层，最后其实也难以断定是否真的是那样。

走在路上，花草多为我所不识，我与大自然的缘分实在太浅。时常想到要是孙明霞也在就好了，那些能随口叫出花草之名的人，大自然对他们大概也格外宠爱，陪伴他们的不叫花，不叫树，而是一个个名实相符的亲姐妹。

在大自然那儿，有些心"能够被掂出分量"。

10

在我的文字中，不断出现"昨天""今天"，一般很少标上确切的年月日，我明白时间终归会重叠在一起的，每一天都是所有的一天，无论发生过什么事，对我而言，大概也就是尘埃般落入了记忆的洞穴中，"我记得""我不记得"。正如赵赵说的：

先是失去听力，失去记忆，最后连自己是谁也都忘记了。

两种生活，一条退却之路

1

那天下午带张世宗先生和陈文芳去了乡下的房子，家里洗手间的镜子很奇怪，每次我看着镜中自己的样子，都显得神清气爽了很多。若是本雅明写自己的旧居，童年的家，他一定会写到那里的空气中始终洋溢着某种庇护，他是在失去之时往回溯的。而现在，我们坐在院子里一直看到月亮上来，薄薄的云，一会儿还下起了几滴雨，月亮则继续放出光华，我也几乎忘记了一些工作中的不愉快。

说不愉快，无非是某种始终都在的被动，不管你怎么放弃，你仍会不停地陷落，大概这也是一种帮助吧，把记得自己"就那么回事"作为理解世界的谦卑通道。

2

时常读到哀鸣之声，那些弥漫在近处远处具体的生活。哈扎拉尔曾感叹过："你不能责备仿佛放大了痛苦的人，在你看似细小之处，恰恰有着一个人至深的疼痛，不能说有的人能渡过，而是不能渡过的人现在正孤立无援，他真的就是没办法。"

我当然也可以试着荡开去，思虑远处的景致，从阅读中找寻安慰，或在记忆明亮的洞穴，以为自己"躲开了一会儿"。我沿着办公室大楼往下走，这座楼建于1985年，怎么说都像对一个人的延期判决，一年又一年，你都可以看到相同的人、相似的人，看到衰败延伸到每一扇窗户。

窗户里面，常年不换、始终不洗的绿窗布显示出一种不可思议的趣味（姑且就当作一种趣味吧），好多年了，我望着这些窗帘仍会感到。有时你以为改变的是世界，你被各种各样热闹之声所蛊惑，像是把灵魂升到了某个云端，然而，所有的办公室都会有电话铃声吧，比如，它适时响起，你在接电话那一瞬间，肯定已经像每一个接电话的人那样，知道手该伸向何处，也就是说，你发现自己正坐在一张椅子上，办公室两边垂挂着的正是这些绿窗帘，一年又一年。它像是最可靠的生活，生活中平淡的嘲讽——所有的嘲讽都只有一个方向：一天又一天，你们变得越来越相像。

3

很多时候我并不是那么易于入睡，我或读或写或坐在桌子前发呆，好像我想的大都是教育问题——这也真是一个问题——难道你没有别的可想吗？这简直就像一句写给自己关于乏味生活的笑话。

当然，一个人要是对无解的思考总是过于热衷，大概也是思维的惰性吧。

更好的方式只能是，上床，睡觉。

4

我是那么热爱寻找自己的洞穴，这个有感染力的空间，这么说时我想到了卡夫卡。我也爱安静的写字桌——我该如何描述才能把自己的笔触引向佩索阿那儿？我找寻的，只是某种趣味，而且它深深地窄化为我自己的偏爱——也只有这样，我头脑中才能固化出某些特别的任务，他们不是为我而写作，但那些文字中都传达出我如此熟悉、同样属于我的生命气息，仿佛是我生于不同的时代，最后靠相似与相近的哀愁使之粘合在一起——哈扎拉尔说："一个思想者追随的是一条退却之路，正因为没有终点，你也难以知道他最后要在何处获得归依。"

每天，被你记录的闪闪烁烁的一些"灵悟"，真的能够安顿一个人的精神吗？"生活的逻辑不能容忍永久的变革"，当变革还没开始时，终止变革的逻辑已经等在那里了。

5

一个人渐入晚境可能会变得通透起来，但是也有另一种情形，他陷入了无休止的缠绵与忧愁。我看过一本毕加索晚年的速写画册，他真是可爱极了，不停地画着，不停地，只有女人，裸体，几乎唯一的细节，"把爱表现到极致就是恬不知耻"。深爱之中，同时总是意味着无限的恐惧。

6

这些年，我越来越喜欢读那些"晚年之作"或最后的作品。这一点很长时间并不为我所知，我像是那样"自然"地挑选或是碰上。有个老友曾说，他现在只听无伴奏的大提琴，以前我不能理解，觉得太矫情，现在则会试着自己也听听，直到听出某种味道。

哈，试着转轨，悄悄地。然后则可以接纳各种"变态"和"病态"。确切地说，"教育并不是一种思想，也不是一门专门的技术，任何构造独立体系的想法都是可笑的，教育是一代人的精神状态，所有的问题与麻烦，革新和变化，都可以从这里找到源头"。

7

我是从找寻中获知更多无解的，或者也可以说我绕到了无解的背后，看到了它的秘密所在。所谓的生命化教育，无非秉持更开放的生命立场，去做上下左右的溯源，活着并不是仅仅为了解决问题，而是经历、体验、接纳，摆脱各种羁绊，使活着具有吉祥、从容，甚至圣洁的意味，那些"无用、多余的东西"召唤着我们去摸索、品察，历经多年之后，或许我们就是因此而继续保持着充沛的生命活力——我把它自诩为一种内在的鲜活力。

8

傍晚，我和虫虫谈及在某个城市一些教师那儿，我对他们的读写有过数年的助力，现在想来，事实是，这些功夫基本是低效甚至无效的，"教书教着教着，把自己教成了小学生水平"，看来此言不虚。应该说，没有一个人能帮助别人读书、写作，并使他们最终以此作为自己的志趣，这并不会使人太失望，一个人不会为失去并不存在的目标而失望。

那些真正的"激发起""影响着"，该是多么美妙的事情？

它一定也是一种"回荡"，这情形类同于一个教师找到了自己真正的学生。

这样的福份，总是存在的。

9

教育真正的困难总是与见识有关，太多的人只看到眼下的尺度，而忘了教育是未来的事，那些受肯定的业绩，有多少真正靠得住？但是如果把教育说成未来事业时，我们又该如何让它萌芽，生根，坚持？"一个人如果热爱这样的事业，他就很难在这个体制中有立足之地，由爱而背弃，事出必然。"

晚上一位画家朋友在电话中和我谈及这些，我就记下吧。

10

那些意图、思路、政策、趣味或者阴谋统治着的事业，该是怎样的事业？哈扎拉尔说："你们要相信时间的公正，某一天如果你还能回过头，你就会看到一切仍然何其相似，还是意图、思路、政策、趣味或者阴谋统治着一切。"

哈扎拉尔的话外之音是，这本身就是一种乐趣。奇妙的"义化机制"形成的乐趣。

大概是吧。

现在我已在一个小型的会场，也许每个月总有一次置身于这样的场景之中，我随手记下听到的一些词汇：

顶层设计、科学推进、关键环节、理清思路、抓手、深入研讨、开拓进取、总结成功经验、有效机制、打下良好基础、重点项目、重点工程、初步建成了、受到了广泛欢迎、初级阶段、提升了、突出了、前景广泛的、成绩既是巨大的又是初步的、手段较为单一……

不能再记录了，到此为止吧。

一朵白色花，心有何哀

1

每次出门讲课，去之前总是焦躁不安，去之后往往又是茶饭不香，难以入眠，确是一种特殊的折磨。台湾学者傅佩荣曾说，如果要给讲课付报酬，应该从讲课者接到讲课邀请，直到讲课结束回到家一起算，想来他也是从各种经验中发出的感慨。一个人越是在意自己的工作，越会付出更多的辛劳。

不过讲课之前的辗转反侧也有好处，你常常会在这样特别"聚焦"的思考中获得一些意想不到的发现。比如，前几天在深圳，睡到半夜我就再也睡不着了，就一直想着：应试教育为什么在一些地方，特别是经济发达的大都市愈演愈烈？这也是经常有人问我的问题。

在前面的文章中，我已谈到体制框架和社会变革使一个人想成为"普通人"越来越难，虽然通过受高等教育来实现身份的变迁已经很困难，但仍然是一张重要的通行证，"有"不等于"可能"，"没有"几乎"更不可能"，因此，教育也就不可避免地被引入了竞争，为了获得"某种成为'普通人'的可能"，一个人、一个家庭必须为未来付出更大的代价，似乎教育的残酷不是由体制导致的，而是由人对"更好教育"的欲求引起的，于是所有的"普通人"和底层家庭都要为此而买单。这一残酷的转嫁带来的结果是，越是经济发达地区，家庭有了基本的经济能力之后，对教育的投入就越大，对子女的期望值就越高，加上大都市人口密集、资讯发达，应试教育残酷竞争的"热岛效应"也就因此形成了。

2

有位教研机构的专家听了我的报告，说最可恨的还是权贵阶层，他们什么都要，子女从上幼儿园开始，一路享受最好的教育资源，他们有巨大的财富和权力做后援，处处都可以优先"卡位"，所谓的应试教育再残酷也关涉不到他们。优质教育资源中，其实要扣除掉各种巧妙的"优先"成分，那一部分是"权贵单列"，因此，今天谈应试教育的严峻局面，也属于百姓话题，权贵阶层又有多少切肤之痛呢？变革之难，也就在于此处，一边是水深火热，愈演愈烈，另一边则是隔岸观火，毫不作为。什么高考制度仍是最公正的设计，我不知道对谁才可以这样说！

3

今天，我更多的思考已经变成"转向"的思考，非正面的、非主流的，更耐心、更漫长的变革的思考，姑且把这个阶段称之为"思想自由的练习期"吧。一个人不能过于强烈地期待在自己的手中看到未来，未来在时间的长河中，时间总是对变革有利。这是乐观的"也许"。

4

出差回来，上网时得知朋友吴子非的孩子吴益鸣前几天去世了，心里真是格外悲伤。假期吴子非君还很高兴地告诉我，孩子以县里中考第一的成绩上了漳州一中，当时既为吴益鸣取得的成绩高兴，也为他终于躲过死神的追击而感到欣慰。说实话，我还曾有点困惑，就是吴益鸣在北京治过病回家后，我以为他应该在家中养病的，但吴子非君告诉我孩子回学校了。五月份我出差时还特地去见了吴子非，了解孩子的情况。吴子非君形容消瘦，一脸忧伤，却对孩子的学习和身体很有信心，这多少也给了我一些安慰。我也一直希望能有奇迹。

5

记得是 2003 年的某一天，在厦门同安第一实验小学的操场上，我第一次也是唯一的一次见到吴益鸣。当时我们召开生命化教育的研讨会，吴子非也把孩子带来了，就为了让我见见他。我一眼看过去，发现他们父子俩神情太像了，后来提醒吴子非不要把生活的沉重感过早地传递给孩子，应该多给他一些鼓励，使孩子能生活在阳光之中。

子非君对我的话颇为在意，回家后做了一个家庭的生命化教育计划，把吴益鸣及几个亲戚的孩子都列在其中，之后也时常向我报告"实验"的进展，他的用心真是收到了显著的成效。

直到去年的某一个夜晚，他突然发来询问哪里有好骨科医生的短信。

6

我通过赵赵找到了她的同事姜姜，当晚他们就通了电话。姜姜说："越快联系上越好，也许我们能帮上孩子。"不久吴益鸣去了北京大学附属医院。

子非君不时给我短信，似乎一直都比较顺利。我的心也渐渐放了下来。

我也对赵赵、姜姜的热心相助怀着深深的感激。

7

"好孩子去了天国，那里没有疼痛，也没有应试教育。"我不知道怎么安慰孩子去世后一直不吃不眠的吴子非君，我看到他给漳州一中学生的留言中，有"一定不要争第一"的话，他心中有无限的伤痛。

一位朋友发来短信，告诉我她读到的句子：

我们建房子不是为了留在房里

我们爱不是为了停在爱里

我们死不是为了死

8

福州的秋意还是渐渐浓了。昨天下午我的衣服穿得有点少，晚上又一直与吴子非君发短信（他家人希望我开解一下他），这样的短信，用的是复杂难言的心力，我感觉有一个叫"感冒"的事物渐渐地靠近了我。

9

报告一个小小的消息：我主持的《福建论坛》（社科教育版）编到 2011 年的第 12 期就算寿终正寝了，在这里发表过文章的朋友们现在就可以与之告别了。

呵，又是用来告别的一朵白色的花。

一朵白色的花，似乎开过。

在你叹息之间，它就谢了。

我编过 14 年的教育杂志。今后还继续编《明日教育论坛》吗？

我的左手更柔软

它做的事情怯懦而羞涩
它不握手，也不握笔
它习惯藏在口袋里
它的掌心全是汗水

美好的事在何处发生

1

美好的故事仍然会在这个世界上发生，它是我们相信、看见、增进对真善美理解力的最好途径，一些被"普遍的坏"辐射中的人们，日益加深的对人性与自我的失望，已经严重影响到一个人最基本的生活状态，对世界的理解状态。无论愚钝还是机敏，常常只是被经验或利益所激发，怀疑、失落以及常常莫名膨胀的所谓爱国心，说穿了，都是先天发育不良、精神成长不完整的主要后遗症。简单地说，一个人如果始终无法靠近自己、理解自己、认识自己，他就很难治好这样的病。

2

另一方面，我们也可以设想关于文化的讨论，始终都不会有什么可靠的结果，因为我们所关心的首先总是如何不发声、如何回避危险、如何巧妙地投其所好、如何既人云亦云又好像说出了新意、如何继续恬不知耻又自得其乐，可以想象思想的腐朽与精神的败坏一定还会深化。那么，关于文化的讨论最终又能迎来什么样的转机与活路呢？

3

还有一种更为痛苦的情况也是我们都能深切体验的，那就是并不是我们完全丧失了创造力，丧失了对邪恶的洞察和仇恨，而是沉默、无力，已经使生活失去了意义感，就是等待，也不是因为相信未来。未来是一直旋转的不成形的气流。

——这样，这样——这些天我似乎为什么事情而激动。每天都有不断加深的难堪与耻辱。

现在就让激动变成默读，今晚我翻开 2009 年冬季的《反克》，就读杜十八的《单性一日》，"多么空虚的日子，一群白痴取暖于我的脑中"，《想起我们的病痛和堕落》，"不适的鞋子把路走坏/企鹅踮起思绪，看见爱情的下唇"，最后是《乔安娜有给你寄明信片吗》，"它受意外之伤太重，死在地板上"，"我忘记过去，眼窗空洞"……

4

我似乎跑题了。明天我要出门，却轻度感冒，鼻子一边不通，我恐惧的事情总是重复发生，我害怕自己呼吸不通畅，非常害怕。

小小的灾难，身体的，然后是精神的。

5

我原是想写一则格的故事，我绕得太远了，现在回到正题上来。

以前格曾告诉我她问路的故事，那是在悉尼，有一天她迷路了，就问一个在修屋顶的人该怎么走，没想到那人一下就跳下屋顶（没有夸张，是那种比较矮的屋子），开出自己的工具车，把格送到了目的地（其实他也不熟，路上绕了一个多小时）。我去悉尼时，也遇过类似的事。

这次是 2011 年 10 月 16 日发生的事，地点换到了英国。

格从利兹坐火车到南安普敦，再坐火车到朴茨茅斯，没想到火车到达南安普敦之前有人跳车了，火车因此晚点了一个多小时，到了南安普敦，开往朴茨茅斯的最后一趟火车也开走了。格没办法，只有去找车站工作人员，工作人员听后说："这是我们的责任，我们马上给你叫辆车把你送到朴茨茅斯。"格一听就说："那不行，出租车送去太贵了。"工作人员说："这钱由我们付。"过了一会儿，他们领格上了车。不过不是出租车，而是有三节车厢的火车，除司机外，还有三位工作人员，他们陪着唯一的格坐在头等车厢，一路做游戏，等格到了朴茨茅斯都没明白这到底是怎么回事。

我又要说，大概，真的有一件令人惊奇得不得了的事发生了。

6

哪怕发生过一次。我根本就没办法想——我说的是我自己，上午，隔壁的保险大厦把太阳的反光射进我的房间，下午，则是南边的太阳正照着我的桌子。开窗，西风太强，拉上窗帘，又太黑了。我想到哪里去了——哪怕发生过一次，你也相信真有一个好的世界。

7

好的世界在不远的地方。

仿佛空气中养育着珍稀的善的火苗，一旦需要就会成形，就会在人们的手中传递。又是那么自然，几乎就像是它本来的日常生活的样子，没人太在意自己做了什么，更不会有夸张的奖励。

我们都得了多疑症，就是我听到格的故事，而且是格亲口说的，我仍不由地想，这样的事多离奇啊，我当然急着要和更多的人分享，但又会想，这到底怎么回事呢？

在良善的生活中，在对良善生活的渴望中，我不希望自己因为多疑而变得同样令人产生疑虑。如果每个人都真实而又诚挚，都能在需要时自然、快捷地对他人伸出援手，那该有多么动人。

8

一个校友的妈妈定居悉尼多年了，她喜欢住在老年公寓，那里的老人相互关怀，交往亲密。好玩的是，她只会说些最简单的英语，居然也可以和来自各国的"老外"亲切交谈，大概他们都会一种特殊的语言，彼此都能听得懂。

这位妈妈说，悉尼的街上人很少，有一次她不小心摔倒了，不知道从哪里竟然一下子冒出了无数过来帮助她的人。这就是她对悉尼最难忘的印象——你需要时，无数帮助你的人，一下子都跑出来了。

9

我自然想到与之对应的就是，街上到处都是人，当你需要帮助时，却一个人都没有了。

10

大概是尼采说的，一个哲学家为了受人尊敬应该以身作则。

同样，一个教师为了受人尊敬应该以身作则。

11

一个只能用歪理解释的世界，既是我们熟悉的，又是毫无希望的。在那里人人都会觉得自己是个局外人。因为一个人如果被剥夺了对幻觉和光明的向往，这个人实际上就置身于放逐之中，这种放逐无可救药。

福州文化有这样的一格

1

教育图书策划人吴法源在还没有成为小鱼儿的父亲之前，就曾希望我编一本"福州人怎么养女儿"的书。那个时候我其实已经想当然地认定，这个细腻、机敏，又有着令人惊叹的决断力的人，终归有一天也会是一个女孩儿的父亲，因为他已经提前有了一张"生有女儿的脸"。吴法源对福州人的想象并非空穴来风，他听我说过、见过，也从一些阅读中体会过"福州人与女儿"这个命题。我曾为这个计划心动过，并约了一些稿件，甚至因为这个命题促使我的朋友余岱宗动手写成了他养女儿的书稿，不过在心里我还是觉得这样的题目夸张了一些，我也难以断定这里"养女儿的文化"是否真的有不一样之处。一件事情往往经不起这样的犹豫，《福州人怎么养女儿》终于没有成形。

几年之后，我写了两本给父母们看的书：《父母改变孩子改变》《孩子是父母最大的事业》。有一天我突然意识到，在我所倡导的"新父母"理念中，确实有着某些"福州人"的价值观和生养孩子的态度，或者也可以说我通过这样的写作方式，确认了福州人或曾有的、应该有的家庭教育的立场。这不是一种暗合，而是追寻与发现。它也不单是表达出对吴法源君的某种敬意，而是，无论你的研究还是落笔总免不了有一些"在地性"。

2

福州是一座有着两千两百多年历史的老城了，城中的一些"名牌"中学往往有着一百多年的校史，也就是说它们形成的格局与教育地位都有着时间的长久砥砺，有"罗马城不是一天建成的"味道，因此，在我的印象中，无论是在革命年代，还是变革时期，福州的学校都没出过什么"教育狂人"，这既可能是福州人温和、内敛的性格所致，也可能是学校历史格局所产生的自然而直接的提醒。一任校长无论如何地激情荡漾、废寝忘食，"一中就是一中"，"三中就是三中"，一个人所做的努力，最应该体现在他的分内，珍惜它已有的，守住它很可能因为不小心就会失去的。如果硬要从消极意义上说，这样的校长可能锐气不足，开拓意识不强，但从好的角度看，这些校长往往平和而不强势，踏实而不狂躁。在这种文化中要想产生"教育狂人"其实也比较难。

又由于福州是个老城，它的教育家底自然会殷实一些。同时，虽然贵为省城，但经济落后、政治保守、趣味平庸，一直显而易见地缺乏魅力，因此相比于其他城市，福州的人口增长速度显然还是比较缓慢的。这一点在我看来，正是福州教育的优势所在，姑且就当作优势吧，因为人越少，教育越不"挤"，应试教育的"热岛效应"自然也就相对比较弱，每个人可能享有的优质教育资源的比例也就大得多。

福州城内温泉遍布，传统的福州人一直有泡温泉的习惯，这一"泡"甚至远胜于其他的任何"泡"。它是从容、耐心的耗时间，是温润、舒坦的自我畅达，是斗志全无、怒气尽消的身心至福，这样的享乐文化已浸润一千多年，能说对福州人的性格没有影响吗？福建人经常自嘲自己是关在门里的一条虫（"闽"），而福州从来就是闽的中心，这只"虫"注定很难做什么大事。有时我会这样想，不做大事的教育恰恰可能是比较不坏的教育，有时做大事可能有大乱，做小事可能有小乱，不乱做事反而有可能顺其自然。

3

福州人和其他福建人一样，原来多是中原移民，所谓移民自然考虑更多的是自谋出路。近代以来，福州人闯南洋、海外谋生求学的情况更为普遍，这是否也可以说在福州人血液中始终激荡着漂泊天涯、四海为家的冲动？这样的性格与温和、内敛的另一面构成了奇特的张力，所以福州人又有刚烈、决绝的一面，这一点可以从近代很多历史人物身上看到。对教育而言，不在一棵树上吊死，多一种选择就多一条生路，想必这些观念极有感召力，而随着海外求学人数的不断增加，实际上对本地应试教育压力也有所削弱，同时对分数至上的锦标主义的影响力肯定会产生一定的反弹力。

福州市的高考成绩在福建省的排位一向不高，这不见得就是坏事。对任何一个人的评价，都有当下评价和历史评价之分，当下那些立竿见影的评价并不见得符合历史评价。教育最核心的目标是着眼于人一生的发展，是对每一个生命最大程度的成全，仅仅关注"起步线"、关注眼皮底下的成绩的教育，更有可能输掉一个人的未来。今天普遍短视、急功近利的教育，是难以有瞻望未来的眼界的。也许还可以这样说，我更相信福州教育中来自民间的、传统的力量，相信觉醒者对自己子女的呵护、耐心和成全。一个城市是否出人才，不单要看它的高考成绩，更要看它历史上出人才的总量。尤其重要的是，今天以高考成绩为目标的教育，师生与家庭都为之付出了过于惨重的生命成本，一个真正宜居的城市，一定是教育竞争不激烈的城市，也一定是没有人为教育付出生命代价的城市。

如果我要对这些对"福州的咏怀"做个概括，大概有这样的一些句子：从历史的视角看，我强调日积月累、细工慢活，重在传承；从福州的文化习惯看，我强调不急、去火，远离教育狂人；从家庭教育立场看，我强调孩子是父母最大的事业，多一种选择就多一条出路。

生得太"早"，长得太快

1

有时你写着写着就变得严肃起来，这是你的习性使然。

2

参加一个教育大会，是一个体制内的大规模会议。已经不记得有多久没有参与这样的活动，但也不生疏，它还是那个样子。

听着一个一个报告，时间也都不长，你会说幸好如此。

我听出一个比较有趣的话语现象，姑且用上一个现成的词：混搭，就是各种价值观在一个会场里不同人的话语中混搭，不同的甚至相互冲突的价值观在同一个人的话语中混搭。你仔细想一想就会明白，确实有一种体制的核心价值观，而与之相冲突、相背离的话语，无论多瑰丽、动听，其实也不过做了一个装饰与点缀。说起来，这样的混搭其实也充满了欺骗，变化的不是体制，而是某种混搭造成的"已经开始变化"的假象。

可惜的是，有些美妙的词，渐渐地也因此被污秽了。

3

今天做任何事几乎都不可能完全的洁净、纯粹，也都难以诚心尽意、全力以赴，对教育而言也一样。现居深圳的思想者雷祯孝先生对我说，"要团结体制内的健康力量"，我们一直倡导的想大问题、做小事情，从能够改变的地方开始，说的大体都是变革不妨先从自己开始，从自我觉悟开始，从有更多的共识者开始。参加一个活动，仍然也有"可听""可取"之处，我能够使自己静心摄取，有些似乎无须毅然决然，潜心倾听就可。

4

某些时刻，为了某个尘世的目标，我们赶着非尘世的马飞奔而去，"你永远不知道最终你会找到什么"。

5

也有这样的时候：你原有足够多的可能要去寻访一座花园，你曾为这次访问做过无数的准备，你信心满满，却又最终放弃了这样的访问。

还是留着念想吧。

6

以色列作家阿摩司·奥兹有一本小书《故事开始了》，这是一个很不错的题目，比《红与黑》中于连的著名台词"准备战斗"更有味道。"故事开始了"，每一天，每一天。

书很薄，一个不恰当的比喻就是，你可以在福州飞往昆明的飞机上读完。

不知道为什么，我读书总是会读出"教育，这注定要失败的事业"。

这句话其实什么也没有说，说了等于没有说。

7

契诃夫曾写过一个可怜的小人物，亚可夫·伊凡诺夫，他在临死前，盘算来盘算去，"他得出结论，他只有一死才能获利：这样一来，他就不用吃，不用喝，不用缴税，不用再侮辱人了。人在坟墓里一躺就不只是一年，而是几百年，几千年，所以那利润就大了去了……"。

这样的话语，你是否也在自己家乡某个农民那儿听过？

8

哈扎拉尔并不是一个爱喝酒的人，他有时候也会对酒颇有兴趣，甚至喝很多，但要有几个条件：（1）一定要"喝对的人",（2）一定要"喝对的酒",（3）一定要"喝对的方式"。他不喜欢摆开架式的喝法，而喜欢缓慢地、自然地渐入佳境。这样说来，一年遇上的佳境着实不多，哈扎拉尔说喜爱喝酒远比泡在酒精中更为幸福。

这是谁的句子，顺手抄在这里：

凡事都有一个开始，
在后来发生的一切之前
天和地，热、日子和风
都有一个开始。

9

没想到会见到 C 君。他显得健康了些，但每餐仍要吃药，看来这些药要陪伴终身了，他感慨一句："一个人实在难以逃出遗传的编码！"我没问他写什么或编什么，反正他也总在做，我们彼此也都是那样了。

我关心他搬回去没有，那件事办妥了没有，他说："都恢复了常态。"然后略有点羞涩又自得地笑了一下。这样的表情以前也见过，和我在一起时，他不时会这样。我说："你还是要善待啊，再去找也不可能有了。另外，更要格外爱惜自己的羽毛啊！"分别时，我们有力地拥抱了一下。

我们也没有交谈多久，我到他房间时他正看着《辛亥革命》，并告诉我："我喜欢看这些历史。"我们的说话伴随着袁世凯愚蠢的登基称帝。我说："历史常有特别愚蠢的时刻，一旦铸成大错就再也不可能恢复。"

10

他告诉我："我不在乎别人怎么看，我什么都无所谓了。"我说："你常常会一不做、二不休，更重要的是，你一定也明白，你离开了某种生活，你就没办法生活。"

我没做更多的分析，我知道他的生命状态始终未长得饱满、充分，常常控制不了自己的情绪与欲望，他生命中缺少从容、自如，更缺少让自己变得轻松、平和的"有意义生活的自觉"。

我这里说的"有意义"，指的是一个人只有学会自我享受，享受自己，享受因为你听到、看到、想到、灵悟到从而正在美妙地呼应你的每一天生活，你才能始终涵泳在生命的意义之中。

可惜的是，要进行这样的讨论，看来也不太容易。

11

我曾在对他知之不多时，写过他硬朗、明媚、独特的一面，这些特征现在还在吗？

这些年他走的地方越来越多，讲的课也越来越多，"天下谁人不识君"！我还记得第一次听他讲课时所获得的惊喜，新鲜的词汇、有力的思想、真诚的表情，我相信这些都构成了他魅力的一部分。后来，我仍不时坐在他的会场，虽然他仍很享受自己的表达，但我已感到他身心俱疲。这种疲惫是从重复、生硬、易怒、不认真中透露出来的。本质上这首先是一种心灵状态。

我们这一代普遍生得太"早"，长得太快，心灵尚未充分打开，就开始凋谢了。

所有的墙都是门

1

不妨这么说，以中国之大、历史之长、事功之多等诸种因素所带来的深远影响，绝大多数国人内心都急切渴望着做大事，能做成一件大事。"做大做强"是普遍的自我期许。参加某个教育"大会"时，和一位台湾教师交谈，说起台湾的生命教育，她说："也不是我们不想做大事，生命教育也是作为大事来做的，但是具体到学校，我们更看重的是把事做具体，做细、做小，10多年下来你到任何学校，都能真切感受到它的落实与成效，真正用得上你们爱说的一个词——深入人心。"我说："我们的情形往往是，做大事、讲大事、奖大事，而深入到具体处看看则是天下无事，于是多少年过去了，仍一直停留于不断地发动、讲大道理、做大报告、掀起新高潮。"

后来我归纳为一句：做小事，终于把小事做成了大事；做大事，始终没办法把大事做成每一个人的事。

2

我也免不了会在文章中谈些"大事"，其实还是不去谈它为好。

奥地利著名作家伯恩哈德谈及自己所获的各种文学奖时，说："我对金钱贪婪，我没有个性，我是一头猪。"

想想吧，所有的荣誉、奖金，各种组织、权力、恐惧、身份，或许"这头猪"是被教育或驯化成如此，"需要活下去，需要活得更好，需要活得比别人还要好——我们的一生有一幅我们以为只有自己才能理解的图景，当我们拿出来时，才发现原来每个人都一样"。

3

很多消极、退缩其实也是时间的产品，岁月把人磨软了。俗见是"年轻时，看一个人的锐气，年老时，看一个人的境界"。哈扎拉尔说25岁做的事，会让你在50岁发出惊叹，"就是殉情，也大都是年轻人的事。不过，要说到岁月对人的征服，可怕之处莫过于他越来越成为非人，最后他终于发现自己其实早就不存在了"。

4

"我们的存在始终是屈辱性的。"

当我不恐惧时，我就无法辨认自己的面目。

5

"所有的墙都是门",当爱默生说出这样令人感到希望的话语时,我所得到的希望也同样真实吗?这世界上确实还存在一种愚蠢的智慧,在大多数情况下,它总是更坚硬、更有力、更具有说服力。"唯有信仰才能最终战胜愚蠢,这样的信念本身就是信仰的一部分",我时常聆听这些声音,却仍然无法完全地把自己的声音也汇入其中。正像所有心灵的漂泊者一样,他们不是以头撞墙,他们是无所归依。

怯懦主要源于无所归依。从未有无依无靠的人又是富有勇气的,勇气的立足点在于心有归属。

6

我找寻的是读进去。我回忆起不曾消失的这样的时光,我愿意接续上。阅读的困难在于,有时是确实缺少时间,有时是无法持续,有时则是某些书你一次两次都读不进去。我过分迷恋逃逸的快乐,一个生活中缺少勇气的人,别的工作同样容易被打断。但是,也许只有这样的阅读能够从另一个方向解放我们:我们确实因为阅读而"希望自己变得更单纯、更真实、更属于自己",这个世界的善性时常通过伟大的书籍显现出它真实的存在,它是一种永恒的又持续不断的教诲。

确切地说,一本你愿意读下去的书,也是你的"代读者",书中展现的绝不仅仅是作者一个人的见识,也包含着作者通过反复的阅读而获得的更为宽广的视野,有无数的书籍与启迪者,通过这些被编织的文字向我们走来。

7

我要不无悲伤地模仿一个句子:

作为教师,重要的是我们要学会爱教育,而不是指望着教育爱我们。

这当然是一个会引起争议的句子。你也可以把它看作是一种修辞方式:它似乎说出了另外一种命题,关于认同与责任。另一方面则是一个人应该更信赖自己的主动性,你所能获得的爱在你对责任的主动承担中,而不是某种"应有"的施舍。我说着,总是要把笔锋转向自己的不信任。

8

有时越是迫切地阅读,越能显示出精神的需求性,如同你走进教室,迫切地要看到那些学生一样。是你先需要他们,然后你才能为他们所需要。

9

读一读这样的句子:

你要用心去认识真理,而真理将使你绝望。

10

我听见一个老学者高声朗叫：狗有忠诚的基因，而人没有，对狗而言忠诚是本能，对人而言忠诚是信仰、是克制、是自我折磨、是画地为牢、是认死道理、是错觉、是自我欺骗……一个人无论怎么努力也不可能为自己培养出一个狗的鼻子，人还是爱惜自己的鼻子吧……说到生命教育，不要忘了生命的限制、生命的边界，我相信科学才是最好的教育。

11

一个诗人说，每天清晨之前她都变回自己，花一样的女人，绝不会忘了其中的任何一朵。

帕克·帕尔默，活过的一天或者两天

1

能够静静地坐在院子里看着杨树落下黄叶，全拜在一所大学里举行的教育研讨会、下午某个沉闷的时刻所赐。会场热烘烘的空气实在催人入睡，我走到了楼下，我想换一种心情。

那些活过、没有活过的叶子，全有一种哀婉的感觉，那也是我看它们的感觉。

2

我不去想任何事情。我并不知道这里的故事。

总是有很多活了很久的树，就走着看，又坐在那里让黄叶不时落在自己身上，还有一些鸽子，安静地走动、觅食。在下午，我也更喜欢这里一点。

你不会说这有什么令人不安，你也不会说这有什么让人特别饶有趣味，它还是可以还原成生活本来的样子，生活就是如此。

它都在这里，你很快就不在了。

3

听到一些句子：

从大脑到心的距离最远。

耐心的倾听是最好的表达。

所有被说出的事物都来自一个复杂的家族。

只有不再惧怕失败的人才能当众说出自己的失败，这时他的失败就有了一种自我肯定的价值。

有时候我确实记下了某些句子，在记录的同时又会产生另外的我自己的句子，它们混杂在一起，相互回荡。

而某些奇怪的表达，在我阅读之时也会格外地被我关注，我很在意词语的特殊状态，它包含着不可思议的煽动力。

4

这是前两天我在石家庄东风小学课堂的发现，年轻的教师上林清玄的《百合花开》。那些文字如果揭示的不是事物自身的、内在的特性、品质，就显得虚浮与轻佻，它不是帮助我们了解和认识某物的可能性，通过凝视获得的深思熟虑，使之得以呈现，以它自己的样子。仿佛"虚假绝不是在语言中，而是在事物中"。这是一个不大可靠的作者，他好像有过多"贞洁的情欲"，总需要在某些事物之中反复荡漾，以此确立生活或道德的原则，构成完成之时就不再生长的脆弱景象，但这些没有真正活过的事物，一时之间却遍布各种版本的教材，这是比较奇怪的趣味。

5

"真正孤独的声音，是被淹没的人群的声音。"

在高堂之上，则充斥着凯旋者，以及他们的随从，以及他们一路翻卷的尘埃，以及连绵的城市，得胜者始终强力维持着的欢呼与警醒的话语消费。

常常有人问我："你是否喜欢这里？"这样的问题有必要吗？我们喜欢与否也毫无意义。无论它被称为什么，首都、心脏，它都是另外一种生活。

一股屠杀的空气从远方
　　那边的乡村吹入我心里：
那些记忆中的蓝色丘陵是什么样的，
　　那些尖塔、那些农场呢？

那是失去满足的国度，
　　我清楚看见它发亮，
我去过的幸福的公路
　　我再也不能来。

　　　　　　　　　　　（A. E. 豪斯曼）

我早就不对此发出感慨。一个人活成自己的名字，实在无足轻重。一个人活在自己的名字中，被人叫唤时便会出声回应。

6

继续写我的课堂。

还是在石家庄，我提出我们能否下决心就从最小不过的事情做起，从小处开始，才可能逐渐朝着更大的方向走去。那些不起眼、看似无意做到的事情，一旦在学校生根，就是学校最有生机的细胞，可见、可触摸、可以听闻。某一天，我们都好像"无意中听到了自己"，无论人与物都显现出一种祝福过的气息，这是学校的样子。

学校没有礼堂，天气也算比较好，这天下午我就在操场上给家长们讲课。两千多人按孩子的班级坐好，我站着，又走来走去讲了将近两个小时，越到后面，腹腔越胀，原来讲课时吸入了太多寒气，于是有了一个自我调侃——"风肚翻翻"。

我重复我看到的、想到的，在不同地点，我是我自己、我的替身、我的戏仿。

如果我每天都能为那些崇高而又平凡的小事物激动一次，我更有可能成为一个比现在好得多的人。

7

这一天在餐桌上我"无意中"这样说道："权力总

有办法羞辱你。"你不可能没有受过这样的羞辱。有的人因此不断听到生命的"回声",他说从中得到的是对黑暗日渐透彻的认识,一个人并不是要超越羞辱,而是要在最终的遗忘中获得新生,每天早上醒来仍像一朵新开的花儿一样。

我继续徜徉在京城的一个校园,黄昏时,这里的乌鸦纷纷回巢,它有着苦行者的颜色,又像先知一样,说出简单而又玄奥的话语。

　　除了在这地方互相面对,
　　我们知道什么呢?

（叶芝）

8

大概我已对一位诗人,同时也是令人信服的心灵大师致敬过了。

我说的是生活中失败的故事,我说的是具体的失败,有名有姓,我说的又是不断发生的无名氏的故事,"每一天,在哪里"。一个人的尊严,是从失败中赢取的,令人难以抗拒。当我这样说时,我发现低下头颅甚至比昂起头颅还要可贵。

9

因为这是帕克·帕尔默的专场,一个不在场的在场者。不仅是教学的勇气，一定也是活着的勇气。

一位女士用让我惊讶的方式对我发问："你读过《教学勇气》？"她又说，刚才"即席"说三句话的"著名学者"一定没有读过，没有读过，他怎么非要在这里说话呢？她又笑着悄悄告诉我，某某某大概也没读过。似乎她有种特殊的辨别力，在你眨眼或吐字的气息中，她已获取"你什么都说了"的信息。

可是我真的就读过了吗？我说的是初读、重读，我说的是我真的听见了是自己"无意中"说出来的——先是教育，终归又属于心灵的声音吗？

有些文字，看似千回百转，无论它的语言多么陌生，说的也仍是最简单不过的：我真的爱你！

只有在真爱中，你才能确认那些没有说出来的甚至比已经说出来的还要多。

10

甚至他的缺席，也被我认为是必要的。

数数我们生命中的每一个孩子

1

当我坐在教室里，我首先记下的是班上孩子的数量：48、54、66、73、88、55……一个又一个的孩子，我希望把他们每张脸都看到。最近我听课的班级，没有学生数在 40 人以下的。今天我突然意识到，当我坐在教室里，有时我是在礼堂，或专门用来上"公开课"的大教室听课，我心中多多少少总会流溢出某种也可以称为"哀惋"的情绪——

又要说说那天在石家庄东风小学，因为下午给家长做家庭教育报告的时间定在 4：00，我不知道学校规定几点才能打开大门，我走出给教师讲课的教室，发现电动门外已经站满黑压压的家长，他们的神情令我动容，我真的没办法形容这样的表情：殷切之中多少有点无助，或许他们根本没有意识到自己竟是这样的表情，没有人讲话，大家的眼睛都安静地看着校园里面。校长见状，马上让保安把门打开了，一会儿工夫，操场上就坐满了人。将近两个小时的时间，没有说话的声音，几乎没有人打电话，甚至都没有人走动上厕所，大家一直看着我，除了偶尔发出会心的笑声。如果我不是在讲课，我一定会对两千多人相同的关注形成的巨大压力感到畏惧。即使我是在讲课，我仍然会在想到这些情景时心中掠过强烈的不安。我相信，我在自己女儿学校的某个会场，也曾经这样专注地倾听与思考过。

是某种期待、不安、危险和无知控制了我们的心，体制又巧妙地控制着这种情绪，使之成为每日几乎无法逃脱的状态。我又进而想到，无论你怎么望子成龙、成凤，但要想通过教育从根本上实现身份的变迁是非常艰难的，即使有人意识到这一点，也仍会对教育怀着复杂而热切的期望，要不然又能有别的什么期望呢？

这显然是一所平民学校，无须任何的标榜，在这里，平民绝不会是一种荣耀。我给教师们讲课时，会场的音响不时发出怪叫。我说："我发现了麦克风中的'阶级'差异，在'重点学校'，你随便怎么讲，麦克风声音都清晰、有磁性，在'二等学校'，你要对准话筒，声音才能'配合'你，而到了'三等学校'，你会发现音响简直就是你现世的冤家，才一会儿，你的嗓音就破了。"

2

我对校长说："东风小学是我走进河北的第一所学校，你也成了河北省第一位邀请我的校长。"

学校选择的精神"图腾"是小蜜蜂，美丽、勤劳、富有奉献的热情，其实寓意的另一面也是恰当的，平凡、诚实，用心地做着小事，从小事中构筑着伟大。这样的自我激励还是实实在在地让我有点感动。

3

我多多少少说到了一个学校潜在的希望，即使是很微弱的，我也仍真心渴望看到她。

4

说到教育，我们已经报告了太多的坏消息，尽管这不能成为我们不爱教育的正当理由，但是，如果有谁说他太爱教育了，这样的"太爱"，在今天，我还是会对所有无论嘴巴上说的或者行动上真的那么表现出来的，感到有点害怕。

5

尼采说人生的错误对人生而言是必需的，如果你不是一个不折不扣的完美主义者，不是有着过于强烈的建设者的错觉，也许你可以说教育的各种麻烦，对教师而言，也是必需的——在应对错误中的各种智慧的生成、难忘的体验，构成了人生的丰富性。

但是，需要在其中获得成长的儿童显然会另有看法。我也暂且不把这个话题展开了说。

我做的归纳常常是自相矛盾的，这并不奇怪，我所看到所理解的没办法越过这个时代。

常常就是这样，你所获得的赐福并不是什么成功与名望，而是，你和更多的生命在一起。

6

一个孤独的教师会有麻烦；一个难以承受痛苦的教师往往会让学生惧怕；一个不快乐的人、一个不容易快乐的人，可能不适合成为教师；一个不读书的教师既是难以想象的，又一定是面目可憎、毫无情趣的，现在他们像碎片般充斥在学校的空洞之中。一个人只有不断深化对教育的理解，才能被教育所深化。爱从来都是不容易的，容纳你的爱，用你的行动与不断拓宽的生命的边界，表明你的能力：所谓的事业，并不是指它可能带给你什么荣耀，而是指你该如何在自己的内心首先把自己活成一个人。"无能地、盲目地、眩晕地"做一个教师，你就只能始终"无能地、盲目地、眩晕地望着这无底的深渊"，把无知、无望变成了肉体疲劳、精神沉闷的职业生活最后的写照。

7

其实无论怎么说，我都无法还原某种独特的，同时也可能极其乏味的生活本身所蕴含的复杂、矛盾与挑战。我既是在观察，也是在寻找着那些奇特的人，他们有勇气在错误和幻觉中承担自己的责任，又时常令人惊异地把这样的错误和幻觉当成了生命的存在状态，"他们绝不是一个仅仅怀疑的人，还是一个绝不被压倒和淹没的人"。今天能够看到这些景象，恰恰最值得欣慰，我听见觉醒和冰层消融时发出"咔嚓——咔嚓"的声音，它们总是更像灵魂的声音。

无论要走多远，无论这样的人如何稀少，雪莱似的关于春天的预言绝不可能变成俗套与反讽，相信生活，就是在内心否定那些极端的统治力。

8

一个人如果不是他自己，如果始终不能变成他自己，他又如何才能有益于别人呢？生活的真理不需要太复杂的智慧，一个人爱自己，认同与接纳自己，才是真正的生命成长。一个时代，如果人越来越冷漠、冷酷，原因首先就在于这里的人活得不像个人，毫无尊严和保障。一个人忘怀他人之前，一定已经忘怀自己，他的人性和本能的生命机制已经物化，甚至已经兽化，对他们所有的指责即使很恰当，指责的人也不要忘了，我们自己的情况实际上也不会好到哪里去！

古代犹太宗教领袖、解经家希勒尔有过仁慈的告诫："如果我不是为我，谁会为我？而如果我只为我自己，那我是什么？如果不是现在，那是什么时候？"

即使我有过写得最好的时候，也发现这样的絮絮叨叨最多也就是像我意外发现的"个人真理"。我喜爱秋天，无雨的午后，或者夜里十一点左右的灯光，我说给自己听，不需要出声，也能在纸上继续。

9

我得到过庄重的教诲：你必须重新像孩子一样阅读，尤其是那些伟大的作品，你需要终身持续地重读，因为只有重读，你才能读到你所见。

像孩子一样，说的是热情、饥渴、精力充沛，同时它又是最合目的性的非功利方式。当然，有时你会渴望着改变这个世界，为某些变革激情荡漾，但是也只有在伟大的作品中，你才能辨识这个世界的结构，并通过这样的阅读解开自己生命的谜团，取得心智最真实的发展。难道所有的改变不正是从认识自我开始？只有灵魂获得安顿与慰藉的人，才真正有可能帮助自己取得愈来愈丰富的领悟，从而把自己变成变革的一部分。

10

敞开心怀读书的人，会怀抱着自己。这是缓慢的、需要不断加深的工作，你会看到自己也生活在某一本书之中。

耐心做一件事，不要问为什么

1

我也曾写到福州的教育，其实我写的是一种迷惑，我几乎要说，就眼下的情形而言，最不坏的大概就是"退出与放任"，退出指的是权力和利益，放任指的是学校和家庭自行其道。只是说说而已，你不能不关心权力，你也不可能不知道无计可施。教育就它的生机而言，你会相信它属于某种死去的事物，这样说真够丢脸的，当然这不是我的本意。

一个人不可能既要求想得太多，又要求能想得太清楚，我们经常陷于矛盾之中——这是再俗套不过的表达。

只有不断地转化，把你面临的处境不断转化成一种存在，你面对的不是巨兽，而是被生的烦恼不停地折磨的自己。活着，需要含糊不清。

2

你已经看到，每当我落笔于教育，我就变得瞻前顾后、左右徘徊，夸张一点说，我能理解的都写过了，我不是一个解决者，我自己人生的难题也随岁月而生成。

我在平凡的生活中获得一种乐趣，这样的乐趣怎么说都有一种分享的意味。是的，我说的就是由我作为经手人，把一些朋友的文字变成浩瀚的图书的组成部分。

可以想见这是颇为费力的活儿，做一件事情因其长久，又需你时时跟进，乐趣当然不仅在于分享本身，"你在做着一件事，你不需要害怕你做不了事"，这是比较好玩的见解。

我只需要解决一个问题，那就是这些书本身是否有意义，"有些微薄的光，有的人会提早看见"，我总是会首先从自己的处境中看到了某种意义。时常我愿意快快乐乐地回答生活对这些同样具有高度紧张性的心智活动的仇视。一本书也一定是一种自我赞美。

现在可以先开出部分书单，合集的就不列了。

陈丽婷　《我的生命化教育之梦》（福建教育出版社）

郑熔虹　《数学教学的激情与智慧》（福建教育出版社）

吕云萍　《灵性课堂与生命激情》（福建教育出版社）

黄瑞夷　《作文教学的趣味与境界》（福建教育出版社）

洪延平　《给孩子一个梦想的天空》（福建教育出版社）

徐莉　　《能说的，都不痛》（福建教育出版社）

沈旎　　《不确切的记忆》（福建教育出版社）

子虚　　《未经编辑的声音》（福建教育出版社）

孙明霞　《用生命润泽生命》（福建教育出版社）

马一舜　《为爱教书》（西南师范大学出版社）

赵克芳　《课堂，诗意还在》（西南师范大学出版社）

许丽芬　《做一个纯粹的教师》（西南师范大学出版社）

夏昆　　《率性教书》（西南师范大学出版社）

3

渐渐的，我产生了一种自我膨胀的欲念。有一次，我借着有点奇怪的热情，对自己说："也许我可以帮助100位中小学教师出书。"

你所想到的，也是你"无意中听到的"自己的声音。

4

我们总是被"无意"听到的声音所吸引、所困扰，这既荒诞又迷人。

我工作的某些责任已经提早退休，我说的是每天签到的那种工作，我把身心尽可能地放置到讲自己的话、做自己的事上。王尔德说："真正高超的谎言不需要证据，谎言本身就是证据，对那些真实的、牢不可破的世界而言，我的用心恰恰在于要说出自己的谎言。"

从不能实现，从未变成事实，同时在语言中划过美妙弧线的那些话语，它也只适合活在记忆或想象之中，它应该是空气的一部分，也可能是那种比较清新、活泼的空气。

5

我又要模仿一个句子。

福克纳说："瞧着吧，一种死亡在等着一个男人。"

这句话有一种极不祥的力量感。

而我的句子是：

瞧着吧，一个句子在等着写作者。

6

一个人活在世上，都可以说："只有我一个人逃脱，我现在向自己报信。"

7

我从来都是把教育放在人性中去理解的，愈是非人性的，与教育愈加背离，一个人没办法绕过这样的事实。这样的事实也瓦解了所有对理想的冲动，所以，所谓好的教育必然又只能与个人的天性、理智、对教育的认同相关联，个人既可能是强大的，又始终是脆弱的、挣扎的，难以拥有清澈的完整性。"人们无论是以恶的方式做着善事，还是以行善的方式做恶，都因为在学校中，行善与做恶常常混淆不清"，对自我的提纯需要持续的审思、阅读、书写，还需要有一种新的认同：因为我们已经好不了了，所以痛苦才有价值。

8

痛苦的价值正是写作的价值，正如乡愁的价值正是背井离乡的价值。留在纸上的文字，一般而言都只是你想要说出的话语的一小部分，不是你想隐藏什么，而是，说出一小部分，恰恰是说得最多的，如果能够做到这一点，你的心也就不会过于寂寞。一个真实的世界其实也是一个想象的世界，有限地、节制地使用我们的语言，永远对自己所写的文字保持怀疑，每一次重读都像一个旁观者，大概我们就可以读出更为丰富的自己，以及隐含在文字中的其他的生命细节。所谓经过省思的人生，几乎不可避免地与这些省思的文字联系在一起，你可以看到自己活过，耽于对更好世界的想象，却并不知道它到底是什么样子。一个人即使没有反抗能力，当他为自己写作时，他就已经为自己的人生承担了责任。

这不是什么秘密。

9

我并不珍视沉默的价值，因为我一直在说话。

10

我珍视停顿的价值，因此我说过话之后，就不再喋喋不休。

11

莎士比亚曾说："一个人要为自己所没有的而笑，为自己所拥有的歉疚。"莎士比亚没有提到有的人经常会把没有的当作已经拥有的，又把已经拥有的视为无物。所有的智慧大概都是有意义的，但更难的总是我们如何才能拥有辨别这些智慧的智慧。

一个人活过多少岁，就可以经常问自己："我还有多少年可活？"

儿童是成人之父

1

去年冬天，山东的宋文娟老师给我寄来了一包花生米。

同样是这件事情，我更愿意这样写：

记不得是哪一年了，北方的文娟妹妹给我寄来了一包花生米，她说这些花生米每一颗都是她妈妈亲手掰出来的。

2

刚才我一边吃着水煮花生，一边想到了这件事。

不说"去年"，而说"记不得是哪一年了"，大概属于我的"含混艺术"，我强调不确切，只是愿意把某些事情说得仿佛一直记得却历经非常遥远；另一方面，最为重要的是，这些花生米如此值得记忆，全出于这一句：这些花生米每一颗都是她妈妈亲手掰出来的。我不仅向家人转述了这份情意，带花生米回乡下送给我妈妈时，也特别说明了这一点。

乡下家中种了很多蔬菜、瓜果，要送给朋友时也总是要加上这一句："这是我爸爸妈妈亲手种的。"

3

我女儿也爱吃带壳的水煮花生（水煮花生应该就是指带壳的），有一次她一边吃，一边告诉我，她喜欢吃壳里面带一点点盐水的，以后，我每吃到这样的花生，总是会想到这是我女儿爱吃的。

她小学二三年级就开始了童话写作，她写信告诉表妹，需要在童话中加入自己真实的生活，这样文章才有趣、生动。

我第一次读到她的童话，是关于旅行的，一开头就说"我"因为太爱自己的白沙发了，希望旅行时也能带着它。

好多年过去了，这个句子好像变成了一种美好的情意，也是女儿送给我的。

4

无论孩子多大了，父母记得的总是他们小时候的情景，父母也许就是在这样的记忆中，使自己复归于儿童。一个人如果中年之后，逐渐又像个儿童，同时保持得像个儿童，他的心智才算真正清明而成熟。这并不是什么特别的发现，我相信生命的逻辑就是这样。

我读过华兹华斯的"儿童是成人之父"的见解，其实这个句子出自他的诗歌《我的心一阵激动》：

> 我的心一阵激动，当我看见
> 　天空里一条彩虹：
> 也是这样，当我生命开始时；
> 也是这样，当我现在成了男人；
> 也是这样，当我变老了，
> 　否则让我死掉！
> 那孩子是那男人的父亲；
> 而我能希望我一个个日子
> 彼此被自然的虔敬连结。

5

"儿童是成人之父"是一种富有权威性的论断，它要比华兹华斯"那孩子是那男人的父亲"有力得多，当然在这样的力量中诗意也丧失了不少，使华兹华斯几乎能够单凭这么一个句子就成为一个儿童教育家，因为这是极为重要的教育母题之一，你怎么分析都难以被穷尽。

作为一个诗人的幸运之处或许也在这里，他那些看似随手写下的句子，往往有着惊人的爆破力，在别的领域开启了诗人本身没有预见或根本就无法期待的事业。

6

受到称颂的教育思想者帕克·帕尔默，他的《教学勇气——漫步教师心灵》在中国有着广泛的影响，但大家一般并不知道他首先极有可能就是一个诗人，到现在为止已经出版了12部诗集，"当我写教育专著时，我是个诗人，当我写诗时，其实我写的也是教育专著"，他的著作思辨性是与诗意和晦涩关联在一起的。一个诗人，当他面对教育时，当然首先面对的是心灵，共情力和同理心使他必须直面这样的事实：一个人一旦回避了自己的心灵，他就会把教育的改良更多地寄希望于体制，最终，善良的心殷殷呼唤出来的，往往是你意想不到的邪恶。

7

有时候我会以为我所推崇的碎片化写作，本身也隐含着一种儿童的视角、儿童的方式，一种未成熟的天真的随意，一种由好奇心与冥想所支持的自由的起承转合。一个人以自己"顺手"的方式，尽情纵容自己的同时也限制了自己。

美国学者简·盖洛普则认为，罗兰·巴特"对于'碎片化写作'的称颂，简单说来实则是一种关于风格的最新策略，一种风格的程式而已，这一风格'坚持文本的不连贯性难以避免'"。"它通过运用一种并不具有内在的稳固性质的、包罗万象的理论，创造出一个可以包容内在的断裂的文本……"

当我开始写作时，我并没有意识到那么多。

今天我时常边写作边往回看，以校对自己的方向，同时在断裂的张力中，保持着某种有说服力的彼此照应。

8

当然，作为一个诗人，或像一个诗人，他也几乎只能按照诗歌或抒情随笔的方式开始"非诗的写作"，最容易被他所忘记的往往是逻辑、引用、论证和结论，而他所擅长的跳跃、隐喻、空白、自言自语等都将构成巨大的阅读障碍。

晦涩实际上就是他的工作。

晦涩之中隐含着自我防卫和自恋，同时又是分裂，让人难以触及的。

我知道，这些其实都是心智与趣味的麻烦，一旦离开文本的自足状态，我到底又说了什么呢？

9

我把很多力气花在远离"草率的中国式写作方式"上，这里我改造了一位美国学者的句式，他谈的是"草率的美国式生活方式"。我们一直生活在由政治趣味与不成熟的心智所主导的既平庸又忙乱不堪的"热情"之中，似乎有一种"末日情结"在催促我们事事争先，只争朝夕，时间与所谓的效率成了人人膜拜的图腾。一个缺少阅读期待和耐心的民族必然难以创造有意味的生活与有意义的言语世界。这是一种精神的力量，从一开始我们就难以摆脱这种力量的控制。细密而又无孔不入的各种文化，影响并改造着绝大多数的心灵，今天要想恢复心灵的生机，只有通过对伟大作品的阅读、浸润，才有微弱的可能。重新去爱、去理解、去接纳，大概就是自我教育的正道。

银杏树下有美好的教育

1

我坐在可以仰视银杏树的院子边上，银杏树也是秋天的样子，孩子们说它"一树的黄金"。透过矮墙上的漏窗，可以看到更多的树和依然生机盎然的叶子，我的背后就是被称为"石梅苑"的桂花庭院。今天我仔细看了一下几棵桂花树挂着的告示，它们都已经两百多岁了。虽然错过了它们开得最芳香的时辰，但这些四季桂也没有亏待我，满树仍是星星点点，芬芳四溢。

而在银杏树下，正在举行《石梅小学志》首发式。五位退休教师，历经四年，编成了江苏省第一部小学校志，并由上海辞书出版社正式出版。

一个八岁的孩子大声地说她爱石梅小学，一位七十多岁的长者也大声地说他为自己是石梅的一员感到自豪。

这里的美丽自然而宜人，很多不寻常的事仿佛轻易就做成了，细细听来却又感人肺腑，又仿佛只有他们能够做得到。

2

坐动车到蚌埠，忽然想到了一件二十年前的往事。那是第一次到蚌埠，太太交待我去看望一下她的同学。同学家住在大学里，也就是一卧一厅的房子，一家三口已经颇为拥挤，但同学的先生怎么也要我在家里住，说是招待所既不方便也不干净。我心里想，他们家就一张大床，怎么住呢？没想到到了晚上，他们从床铺底下拖出了一只大木箱，铺上被褥，一张床就成了。我现在还依稀记得半夜躺在客厅这张"床"上的感觉，真是新奇好玩。平生唯一的经历吧。

3

当时离开蚌埠后我又特地拐到合肥去看一位自己的同学，他那时在离合肥一个小时车程的县城工作。晚上见了面，我们一起吃饭，我发现他一直对我讲听起来颇为吃力的方言，就问他："为什么一直说方言呢？"没想到他说出了一句我至今都无法忘怀的话："我不能为了和你见一次面，又要重新学习说普通话吧！"

4

而这次到蚌埠是和凌宗伟先生一起去的，感谢电脑联网，使我们在不同城市买票，也能买到面对面的座位。不得不说，凌君最近"长得"越来越像我了，这样说是为了强调凌君虽然年长于我，但他理成现在这样和我一样的发型却是这两年的事，加上年龄、身高、头型都相近，"像"似乎也难免。

今年暑假，凌君经赵赵"加冕"由"凌扒皮"成为"皮皮哥"，他原是目光、言语都很犀利的人，但年龄渐长，见识日丰，加上心地变得更为宽厚，"皮皮哥"的味道自然更浓了。

看博客上很多朋友的自我命名，实在也是开心的事情，比如，看海之韵，你不会想到她的名字叫李伟言，赵赵肯定好于赵克芳，清风几许是周小珍，随火车远行是侯登强，青花依旧当然是小严溢出的诗意，鲁和尚会让我有点摸不到脑袋。有些朋友，我就知道叫皮皮狼、水边的长路、紫水晶、云间呢喃、雪猫、凌空晴云、听雨看风……真是太多了。

我在蚌埠讲课时谈到一个观点，今天的"好教师"至少要有一百个以上天南海北的朋友。"好教师"不是单干的人。一个好校长至少要记住两百个以上学生的名字。而我自己的奋斗目标则是记住全国各地两千个朋友的名字，现在看来，这有点夸张。

5

我一直想着要去拜访一些"一个人的学校"，比如，鲁和尚、水谷龙生、雪猫、绕指柔、翅膀的声音、杨明章、心清水静、呱瓜、夏昆、草儿青青、彭清亮、梁卫星、刘冠军、边走边唱、蓝儿、深蓝、随火车远行……
这样的名字大概可以一直列下去。

有些学校那里只有"一个人"，那个人是我们中的
一员。不断"1＋1"中的那个"1"。

<h1 style="text-align:center">6</h1>

我的"张氏好教师标准"也有比较广泛的流传，在
蚌埠时洪顺刚校长告诉我："其实好校长往往难以比实
际年龄显得更年轻，我认识的不少校长没做几年校长就
长白发，秃头了，因为压力实在太大，事务实在繁杂。
中国的校长有着国外校长不能想象的诸多'非专业'的
重荷，我们既是生命体系中最重要的一环，又是政府权
力体系中最卑微的一环，两头煎熬，一天都松懈不得。"

而我则从蚌埠市教育局长刘玉泽口中第一次听到一
个教育局长提出，教育要发展，"不仅校长要去行政化，
教育局长也要去行政化！现在很多政府的会，与教育毫
无干系，却照样非要教育局长出席不可；另一方面，大
量对教育既无知又毫无感情的人坐到教育局长的位子
上，把专业的事做成了职业的官"。

刘局长听过我的讲座，高兴地说，他找到了一直没
有给予足够重视，又应该马上就去实施的突破口，那就
是家庭教育。

<h1 style="text-align:center">7</h1>

现在居住在深圳的雷祯孝先生有一个好玩的说法：

"正因为教育关乎人的生命与未来，学校又基本上都是体制内的学校，如何把办新学、走新路的声音广为传播就变得至为重要，我主张一定要团结体制内的健康力量。"在这里我又一次重复了他的观点。

我对他说："除此之外，我们还要有一种转折，就是我们自己本身经常也有'体制化的思维'，同时还要想到，所谓体制内的健康力量，它不是始终都是健康的，这既是人性的复杂，又是社会生态的复杂。"

从这里去谈"存在的革命"，也许会更为贴切。

8

D. H. 劳伦斯有一句听起来有点夸张的话：相信故事，不要相信讲故事者。

你可以顺着这个句子想开去：

相信教育，不要相信教育者。

相信一个人的努力，不要相信努力可能产生的意义。

相信善，不要相信行善者。

相信美，不要相信美的人。

……

这不是要得出什么结论，这只是要让你的思考跳开去，绕开自己布下的陷阱。

但也许还是会有别的陷阱等着我们。

9

对所有生命而言，存在本身就是深陷各式各样的陷阱，比如说到教育，当出现体制、政策、局长之时，我总是难掩自己的怀疑与畏惧，第二序列的则是校长、教师、家长，我们自身也都包含其中，你就是对自己也同样要感慨，"好人其实是个意外"。

10

在罗兰·巴特看来，碎片化的写作不仅是一种策略，它也是诚意与自然。那些文字中有着更为可靠的实在，不断地吐露与经历，"没有事物在文字之外"。

在我看来，文学性与非文学性，教育与非教育都在这里达成我认识生活的诱惑，我既是对自己充满耐心的分析者，又是享受了某种"文本快感"的人，变化得以发生，首先源于奇怪而强烈的精神"恋物癖"。病人，我说的是教育，也是我这个看教育的人。

11

当我写完这段文字时，从福州飞往海口的飞机正在持续颠簸，我坐在靠窗的位子，外面一片漆黑，但你一坐下来，就不会有人打搅你了。

弗洛伊德有段文字很有意思，在此抄录下来：

有不少精神分析学家可能会受到诱惑，而愿意成为一名导师、一个榜样和他人心目中的理想人物，并按照自己的形象来再造他人。他其实不应该忘记在精神分析学家与精神分析对象的相互关系中，这并不是他的职责所在，相反地，假如他放任自己、受到个人爱好引导的话，他事实上就是背叛了他的职责。

而美国学者简·盖洛普进一步分析道："精神分析学家的职责是像向导那样提供服务，但他又必须警惕的是，不要受个人偏好的引诱。向导必须先行一步，但又必须保持受雇者的身份，获得酬劳将确保精神分析学家不至于随心所欲地引导病人到他愿意去的地方。只有通过挣钱和交换的方式，而不是出于爱的动机，精神分析学家才能赢得清白。"

每一个人都在为历史而活

1

肯定会有一天，后来的人们将通过翻阅各种档案的方式了解一下今天备受折磨的教师，到底留下了什么精神遗产——想想这样的问题真是有趣而又充满自负——那么他们将会看到什么呢？如果一代又一代的人，他们"痛苦的资源"从未经沉淀就流散到空气中，仿佛历史上从未有过这样的折磨、无助、无望、贫寒、受到各种威胁，人们的苦是不是就"自受"了？事实上这里涉及的是人的精神责任，一个人既为自己而活，又为历史而活，他必须尽到努力使自己活在某种教育史与文化史之中的责任——我们从失去的岁月中得到了什么？我们又以自己的生命作出了怎样的承担？

去建构自己的历史，去记录、观察并把这样的工作作为抱负，去编织脆弱又坚韧的蜘蛛网，像受雇于历史一样，珍惜每一天、每一件事、每一个人……必要的细节、个人的体验、羞耻的时刻、平凡的失败、在不断重复中的困顿感……所有的生活并不是它本身有什么特别意义，而是通过反复的省思才能使它呈现出多元的可能的意义。

我坚信，一个人可以通过这样的文字更真切地拥有属于自己的世界，就像即使在斯文扫地的时代，伟大的作品仍是我们最重要的帮助者一样，它比你所有的同路人甚至还要可靠，自我哺育与不断主动地从伟大的心灵那里获得启迪，这是一条古老的可以信赖的道路。

2

一个真正的教师会意识到，自己从事的工作是做一个启迪者与帮助者，另一方面，这个职业又充满了负罪感，即使基于对一个生命最基本的成长责任，教师也不可能完全做到丝毫不违背良心的完美状态，在教师辛苦工作的同时，承受各种各样的良心煎熬也成为他们生命的一份功课。教师生活中最艰难的挑战不仅来自课业，来自对某些学生帮助的低效甚至无效，更多时候，教师首先处在对人的影响最频繁、最末端却又是最有力的一环，这样的处境已成为教师的一种生存的常态，既不受关注又很难得到援助。由此可能出现的结果就是教师在无助与压力下慢慢丧失了"我"作为教师的生命感，教学沦为一种技术，教师成为一名有技术的工匠。于是，生活中伴随着出现了越来越多的沮丧、怨恨、冷漠、无力，各种身心疾病缠身，同时，教育不可避免地变得冰冷异常、面目可憎。

3

政治学者刘瑜认为历史总是波浪式前进的，这并没错，但问题是有的人可能处在波峰，而有的人则始终落在谷底。

我还要做个延伸，我不得不说某些领域的大多数人在特定的体制格局中似乎注定难以避免整体性落入谷底的命运。

昨天在海口给"海南省小学学科带头人"讲课时，我谈到了"自我疗救"。有时你一想到"学科带头人""骨干教师""国家级骨干教师""著名""杰出""教育家"等，你也会想到，其实在任何领域都有波峰与谷底。有位小学副校长对我感慨："这些年我参加培训，国家至少在我身上花了十万块钱，不感恩不行啊！"

我们很难不屈从于一种诱惑，升到"波峰"的诱惑，一个人无须为此做任何的辩护，这是生活的逻辑。所谓"形势比别人强"，首先在于你认同、喜爱这样的"形势"。

4

所谓精神的自救，可能性在于，你不要隐瞒什么，这当然是指自我隐瞒。一个人首先总是要欺骗自己，说服自己。自我欺骗的微妙之处是一个真实的我与一个虚拟的我达成了心灵的一致性。

也可能这样的一致性本身就是一个前提。

5

大概也并没有虚拟的另一个我。

有时我们会和自己矫情一下，我像是通过了自我审查。

谈教育，我说我们就谈到某个安全、可靠、还能自圆其说的点子上吧。我常常也自责自己说得有些过了。这是让人不安的事。

那么回过头想，我们会指望我们这一代人到底留下什么样的生存记录？

想到被限制的领域，自我删减，积重难返的盲区——一个人能够忠实于自己，又能跳出来审视自己，这是极其不易的。

6

今天我有点不能安静下来。

现在我先说些愉快的事情吧。

上午收到一位朋友从北京寄来的两片香山的红叶，她说是在香山很用心觅得的，仿佛代我看过了一样。

尽管已看不出它原来的颜色，却仍然有一份淡淡的清香。

下午在看杜十八编辑好的《反克》第五辑，你也一起读一读吧。

今天要记录的内容有

朱必圣

今天要记录的内容有

外出，

无所事事，

聊天和一盏茶。

跟所有情节相同，

女主人公躲在树的背后。

雷电，加上暴雨如注，

凶险的内容

背后有一位宁静的写手，

笔伐皮肤，

宛如一只虫子路过。

他看准了天气，

锁门，

撑一把大黑雨伞遮挡途经的一切凶险。

他外出，

是滋事生非，

掳掠一切树背后的兽或女主人公。

让雨把地浇透，还布满水面，

他反而，保持衣衫整洁而充满芳香。

2011 年 5 月 25 日

127

7

这是值得记录的：

福州沿海市县的癌症高发病率，病因在于饮食。

兰州已经下雪了，两天后我将抵达那里。

在一个什么样的会场能够容纳两千多的听众。

上班时别忘了在机器上刷一下脸，下班时别忘了刷一下脸。

格说她喜欢住在一个可以看到边的城市。

一个人诗读得越多，他就越不能容忍各种各样的冗长。

钱理群先生的《我的教师梦》在淘宝网"被"下架了。

布罗茨基说："写散文的人是懒散的人，也包括智力方面的懒散。"

他接着说读完诗之后，你就会把书架上的一本散文搁在一边，他没说读完散文之后，也会把教育搁在一边。

我告诉陈文芳："你的书、你的演讲受到赞扬，那不算什么，只有在诗歌领域江湖骗子才难以得手。"

我对福州离我办公室很近的一所小学的女教师说："我们一年可能就只能见上一次面。"她问我："那你期待见几次呢？"我怎么说我期待不期待呢？说起来我对不需要费神阅读的东西都没有什么特别的想法。我不是要把话说得尖刻，我说的已不是人，而是阅读、沉思、人生经验。

一个下午，如果变得凌乱了，责任只是在于我正阅读《反克》第五辑的校对稿。

8

杜十八走到我办公室时，往往是一个隆重的节日。以后杜十八的手会更省着用了，他微笑着说着的似乎是某个虚拟的人，他的手，他的身体。

他的耐心瓦解了某种统治力，这是可能的。

他的漫不经心瓦解了他的身体，这是可能的。

他似乎不仅要说服我们，同时也希望能说服自己，疾病是在另一个人，另一个和他一体两用的人身上发生了。

9

我不再特别针对杜十八做什么发言，弗洛伊德说过，要面对生活的艰难，"它带给我们不可战胜的痛苦、失败和不可能完成的任务。为了忍受这样的生活，我们不能不采用缓和这种艰难程度的方法"，"大概有三种缓和的方法：极大地转移我们的注意力，使我们无视自己的痛苦；替代性的满足，它可以减少痛苦；致醉物，它可以麻痹我们对痛苦的感觉"。

也可以说，一方面，我们总是试图从我们自身找到快乐与自我保障的依据；另一方面，我们又一直努力着以某种方式缓和着痛苦。这些方法不可缺少。

幸亏我们没有哭成一团

1

我仍要写写我的朋友吴子非君。我曾在前面的文章提到一句，对吴益鸣从北京治疗回来后又去上学感到有些不解，前些天诏安的另一位朋友给我电话说他看望过吴子非君，才知道了事情的原委。其实，吴益鸣是在北京的手术失败后才回老家的，只是吴子非对所有人都隐瞒了这一点，他告诉亲朋好友的是手术怎么成功，病情怎么不断好转，他不愿意别人和他一起受苦。我也一下子明白了四月份见到他时，他为什么会显得那么凄苦、无助，但是他还是用言语让我看到了似乎真实的转机，这又是怎样的坚忍与倔强！他让益鸣继续上学，想来也是要让益鸣仍然可以美丽地绽放，然后再美丽地谢幕。而这孩子即使在去世前几天，也是顽强得很，他一边流泪，一边还回复发短信来问询他的同学"一切都很好"。

现在实在没必要就吴子非的处置是否妥当再说什么，相信命运的人，命运领着你走，不相信命运的人，命运带着你走，而弗洛伊德说："当我们爱时，我们在防备痛苦方面比在任何时候都束手无策；当我们失去了我们所爱的对象或它的爱时，我们比在任何时候都感到痛苦而又孤独无援。"

人生最大的考验岂不是就在于这里？以幽默与机智见长的孙绍振先生也曾和我谈及，有一次去探访一位刚失去儿子的老友："你只能用力握握他的手，不知还能说什么，说'不要紧'吗？太荒唐！说'一切都会过去'吗？太不人道！说'不要太难过'吗？没有同理心！国人安慰人时说节哀顺变，那也真是最没办法却又比较恰当的话。"

还有一位朋友和我说过："教师这个职业天天与生命相关联，你有过那么多的学生，总有很多悲痛之事，你的心真要被撕裂过无数回。"我们的先师孔夫子哭颜回那也是代天底下所有后来的教师哭的，你就是有最坚强的心，又能如何去承受？你若无坚强的心，又怎么能做教师？

这些话，说着远去了，却实在止不住对生命无限的悲情。

2

我总是要在教育中谈到为学业与考试所付出的生命成本，在一个希望太微茫，出路太窄、太单一，目标又太明确的时代，我们几乎愿意为所谓的成功付出几近荒诞的代价。有些城市已把考级延及幼儿园；某所盛名享誉全国的初中学校，学生一天要上 14 节课；在很多城市，补课、加班加点已经成为常态。我们想过孩子的睡眠吗？德国雷根斯堡心理学家、著名睡眠研究者尤尔根·祖雷说："睡眠太少会使人发胖、变笨和生病。"睡眠不好的人容易神经过敏、情绪低落、注意力不集中，不仅变得健忘，而且缺乏想象力。睡眠问题容易引发心血管疾病、肥胖症、糖尿病和忧郁症。

具体的数据可以佐证这样的研究结论：在中国，20 岁及以上的中国人当中患有糖尿病的占到近 10％；非传染性疾病，如心血管疾病、慢性呼吸道疾病以及癌症造成的死亡人数占全国死亡案例的 85％，远超世界平均水平（60％），而 15 至 34 岁的青壮年非正常死亡原因中自杀居首位。

不过，巨大的麻烦往往在于，所有的数字与结论都只有理论上的意义，在灾难没有到来之前，谁会相信灾难刚好会落在自己的头上呢？每一个人更为相信的是，"我可以以自己的方式得到拯救"，正如一位哲人说的，追求成功最重要的秘诀就是使自己幼稚化，这样才能不顾一切。

3

我不得不承认，自己在很大程度上也属于"体制内的改良主义者"。这个概念我是从《炎黄春秋》杂志社杜导正老人那里借来的。

我在一个在许锡良君看来实在不像教育研究机构的机构里做着编辑工作，现在那本借来刊号的杂志已编到了最后一期，明年我就会成为一个教育网站的编辑。也就是说，我因为这份工作领着一份属于国家公职人员的工资。我上班要打卡，现在用的是电脑刷脸的考勤机，我的状态经常是"爱刷不刷"，不是我得到什么特惠，而是我已经工作到够老了，我自己给自己设了一个"刑不上大夫"的原则，反正怎么扣出勤费都可以。我一般一个月要参加一次机构的会议，我只有一个被这个机构任命的小职务，带领着老姚、乱虫、海滨、文芳几个人，我在 1985 年就给自己立下不参加任何组织的"规矩"，我完全无意于仕途，也决心不杀人越货、不做黑心伪人，并尽最大勇气不说假话。不过不管怎么说，我还是和杜十八不一样，我每个月还是领着一份体制工资。

我无意于变动身份，使自己看上去更有学术地位，我也无意于使自己有什么学术地位，我写的是教育，也可以把它看作教育文学。我更多地想的是如何才能写得让你比较爱看，我率性而写，按自己的方式出牌。

我曾说，当一个人觉得现在的生活还不错时，他就老了，老了就更容易成为改良主义者，不是杀无赦，而是包容、接纳、理性、变革，认为改革要早，步子要缓，想大问题，做小事情，从更能够改变的地方做起。他讲的是人的境界，思考的是生命的格调，追求的是生活的质量，喜欢的是闲心、闲情，欣赏的是花草、美人，追求的是健康、从容。我的生活并不小资，我更像一个仍在不停地读书的乡绅。

4

写到自己总免不了伪饰，伪饰就伪饰吧，言语包扎我们的伤痛，带来自足与自恋，总之，你仍是热衷于在家里写写画画的那个人。一个人受苦不可怕，重要的是如何理解与接纳。弗洛伊德有一个观点很有意思，他认为，一个人彻底失败了，反而会获得前所未有的轻松。你原来千方百计守护的秘密现在大白于天下，你的虚荣心彻底破产，你所恐惧的已经变成现实，那你还有什么好忧惧的？日本人把乞丐称为"人格破产的人"，颇有几分道理，他们并非能力完全丧失，他们是以人格破产的方式获得谋生的途径与生活的方式，他们真正无忧无惧了。

任何一个人都不可能完全地与现实为敌，与现实为敌注定一无所获。但任何一个人又都难以完全融入现实，人往往是在这样的对抗与融入的张力中，既欢欣又沉痛，既满足又感到毫无收获。所谓精神之光，便是在远处照耀你，慰藉你，但又遥不可及的一种有意味的错觉或幻觉。

5

在福州，我交往的朋友大体有两类，一类是小学到大学的教师，另一类是诗人与艺术家。一年和我在餐馆一起吃过饭的朋友，几乎可以算得过来，而且这种状况已延续多年，我把这一点看成一种单调中的丰富。每一次你都用不着费心在哪儿吃饭、吃什么、喝不喝酒、怎么喝、谁坐在什么位子，诸如此类，剩下的问题只有一个：今天聊什么呢？

巴客在时，特点是有趣，他是话神，善于"怎么都要把大家说到笑"，他若不说话，一定是出了什么事——牙痛，精神失恋，投资失败，或者第 N 次升不了职，他早就被体制划到比较边缘的位置，这也是他自己要走的路。

巴客的痛点和快乐点都比较低，这样的他既容易生气，也更容易快乐。他生气时你一看便知，他快乐时也是这样。不过相识多年，我发现他越来越少生气了，这一点正如他越来越彻底地忘掉了自己的"干部身份"一样。

当我得闲时，总是会更多地想到巴客这个朋友。

中午，我们在永安街七米咖啡馆喝一杯吧。

6

快乐原则源于生命的本能，快乐原则帮助我们寻找快乐，享受快乐，它既是人活着的首要目的，又是人类活动中最大的生产力。不过，我想到另一个问题，可能也恰恰是快乐原则使人更多地体验到痛苦，体验到失败和不快乐。我们对快乐的需求如此强烈与执着，所以免不了不快乐，也免不了过于在意自己的不快乐。

当然不能想象人的本能中最强大的驱动力是追求痛苦，如果是那样的话，教育该怎么讲、怎么做呢？

难道我们在欣赏一个教师时，说他总是面带痛苦，哭声感人？难道说教学最高的境界就是学生们都哭成一片，而一个好教师总是有办法让学生哭得很痛苦？难道把一个快乐的教师看成是幼稚的，给予同情？难道让一所学校经常开展痛苦大比拼的活动，谁最不幸，谁最倒霉，谁就能得到大家最多赞赏的哭声？难道让政府给学校最高的评级是国家级痛苦示范学校，或者是四星级痛苦学校，个人则可以领取国务院痛苦专家津贴？如此，痛苦成为所有人的追求，成为一个国家和谐的标志、进步的象征，成为全民的最高福祉。这种情形实在让人难以接受。

7

这些文字是我坐在福州飞往兰州的飞机上写下的，晚上我将见到陈希良、陆燕舞，我想读给他们听一听，看他们是否会"哭成一团"，呵，听说榆中那里已降下薄雪，而在福州，街上还有人穿着短袖上衣。

人不可能活得像一棵树

1

冬天，榆中（海拔 1874 米）的空气要比去年五月来时稀薄多了，因为我登楼进会场时居然感到有点喘气。夜里住的酒店倒是挺暖和的，一个晚上我都在做梦，梦见自己怎么给家长讲课，醒过来才发现那不过是一个梦，课还没有开讲，真有点遗憾了。

2

陆燕舞说："从榆中坐半个小时的车就可以到兰州，从县城走不多远就可以看到原始森林，而南边就是黄河流过，空气还很不错，真不想搬到什么别的地方去了。"她现在最大的遗憾就是还没坐过飞机。

吃早饭时，陈希良校长说起这些年听的报告，说他去年在北京听了某个影响很大的教育学者的课，发现内容与 2005 年时所听毫无二致，散会后便直接告诉了这个专家，把对方弄得满脸通红。

我说："那是很重的批评了。一般来说，讲课者也

137

听不到这样的直言，可能有的人听听也并不会以为然。"

3

作为在南方海峡附近生活了四十多年的人，我的适应力越来越弱了，温润、清新的空气，清洁、甘甜的水，清淡、新鲜的食物，几乎只能说非如此生活不可。

4

也喜欢看榆中兴隆山的植被，酒店之前一片山崖耸立，草木全部枯黄了，倒好像温润之火慢慢烧上去的，这是我家乡所没有的景致。

看到陆燕舞君脸颊红扑扑的，去年见时就是这样，大概这也是一种高原色吧。

陆燕舞说的一句话真让我吃惊，她说："工作以来就没有休息过周末，一个月一般'放假'两天，大都不是开会就是培训，说起来连做家务的时间都排不出来。"

这大概就是各地县高中的生态，学校对教育的责任，首先体现在师生拼体力上。

今天下午，我对来办公室喝茶的落风君说："你作为小学教师，又是乡下的小学，其实还是有一种别人比不上的幸福：充足的睡眠，可以自由支配的时间。"

5

我另一个体会是，那些得到各种"好评"的学校往往往会不断滋生可怕的虚荣心，它不但会使师生"拼生命"成为常态，而且对各种"荣誉"的欲求会更贪得无厌。我知道的某所著名小学，去年一下子就有七位教师得了重病，其中四位得的是癌症。是什么使人们处于"心理上的幼稚状态，诱使人们陷入群众性妄想"？他们将要得到的是什么呢？

6

再想想教育吧，我们得到了"所有的荣誉"，如果唯一失去的是教育的乐趣，那是一点一点被阉割掉的，我们的生活将是什么样的情形？

从一粒松籽或银杏落下的叶子
我看到自己的本性有何不同
虚无，既像果实
又像唤醒你倾听的足音
你通过一缕香味一直走到山崖前

7

我从未试图占卜一个人的未来，无论寿命、财富与仕途，我根本没有这样的能力。不过，我倒时常会饶有兴趣地去看一个人的过去，我的聚焦点全在于一个人的童年。童年写在人的脸上、眼中、声音的抑扬顿挫里。

不断地吐露心迹，在不知不觉中你就获得了疗治。

"真正的心灵治疗从来不是通过药物使你在短时间内就能产生疗效，恰恰是你不依赖或盲目地信任药物之时，你的心门方能得以敞开，最终你便是自己的药。"一个人如果不再恐惧失去爱，他就能从自己主动的爱中得到真正的爱，主动性不单意味着可能的获得，它本身就是自我回报，它使生命表现出前所未有的、喜悦的光泽。

8

今天晚上，当大家在议论北方某国时，我突然醒悟，我们并不见得有资格嘲讽它，有时在五十步笑百步的自得中，我们会失去对自己的提醒和鞭策：并不是我们的道德与勇气有什么值得骄傲，而是如果我们同样做不到，那就根本不必思考是否配得上别人对我们的尊重。

这样的话语快速闪过脑际，我不能再从深处挖掘什么了。任何一个时代的贫乏，如果没有什么参照物，也就难以被辨认。有时其乐融融，也不过是一种家禽般的安全与幸福罢了。

9

大自然的力量和现实的生存法则，无一不是使人更多地去使自己变得更富足、安乐、富有权势。人对需要持续付出勇气和其他代价的行动很难说有多大的兴趣，再小一件事，哪怕费力再小，但只要是必须不断以心力维护的，要想真正的达成，仍有不小的困难。

正如哈扎拉尔所说，人根本就无法像树一样，目的明确，心思单纯，一生只做一件事，代代皆如此。人的麻烦是另外一种生命本能，即所有的选择，都能把人的一生带到无法预知的方向。承认这一点，其实也是一种不错的自我安慰。

不过，人性复杂的图景却是对教育极为不利的。一个人就是再用心做事，也未必能够把"好事"做好，勤勉并不是教师最重要的职业品格，他不是木匠，不是农夫，也不是园丁，这些职业都能提早知晓自己的劳动所产生的大体结果，投入与精益求精，一般而言总能产生比较可观的成果。教师的工作远比这些复杂上百倍，它所能产生的结果也比这些复杂且延后上百倍。教师往往更容易焦虑、产生挫折感，感到自己很无助，因为他的劳动并不能那么容易就直接对象化。教育的失败，你也许可以在现场观察到，但失败的原因却是极为曲折的，也有着难以简单认定的"历史渊源"，同时教育的失败又往往是很难在你可测量的时空中就能作出评判的。反过来，所谓的教育成功，情况大体也是如此。

这一切都为伪教育管理留下了可资"利用"的空子，很多简单、易于操作、只关注当下结果的"教育评价"总是更容易大行其道。

其实，人要是像树一样那该多好，一生下来就知道是什么树，以后会长成什么样子大体也能知道，只要一心长着就好了。

一年退一步，一直退到最初之处

1

尽管我经常会观照一个人的童年，但全然没有窥视别人隐私的意欲，我看到的是一个人自然呈现出来的"童年的样子"。

有时候人总是会想着要是再活一次会怎么样或应该怎么样，有一些朋友遇上美妙的事情也喜欢说"大概我上辈子一定做了很多好事，积了很多德，所以才这么幸运"。

但是一个叫欣欣的诗人却明确地告诉我，再活一次，真没有必要。

"我先是以为读医学院读错了，学制长先别说，拉丁文令人头痛也就算了，一想起'人体老师'冷冰冰的身体我就受不了，我没办法为任何理由而变得勇敢。不过后来我才知道，我的问题并不是因为读医学院，而是三岁以后，我的人生就出错了。我妈妈把我带到三岁就到外地上班了，我住在外婆家，先是以为妈妈很快就会回来，我一直哭闹，一直等着妈妈，但是妈妈要到过年才回来一次。渐渐地，我变得越来越乖、越来越安静，慢慢地，我也把妈妈忘记了，后来见到妈妈就像见到生人一样。直到今天我才知道，这是我一生的麻烦。

"当然，我并不会继续怨恨父母，我的麻烦是无法融入父母的家庭，无法在他们面前自然而然地成为一个女儿。很多时候理智是一回事，生命的感受是另一回事。我明白，一个人如果在父母面前找不到自己，可能一生都难以在自己的生命中找到自己，这样的疏离感是可怕的煎熬。

"我还发现我与他人的关系，问题也多出在我身上。我谈了很多次朋友，我的安静、忧伤常常也是一种吸引力，但我总是不容易相信别人，我总是会看到我喜欢的人渐渐变得不是那么回事，我怀疑是我在等待着他'变坏'。他们大概就是我等待的结果。

"你说，如果再活一次，有这个必要吗？"

2

一个人要到哪里找到自己？

昨天读布鲁姆的《西方正典》，布鲁姆提到在佩索阿的世界中，有一种"异名"现象，即佩索阿用不同的名字，既是向他心仪的诗人致敬，也是写出了不同的自己，即在一个人中构成复杂、陌生化的形象，又如另外一个人、另外的很多人在旁观自己。这使我想到一个有趣的词，"自我围观"。

也许我也有一个"可靠"的异名，我在无数的文章中细致地构置了他的存在。

在"是"与"非是"之间，悖谬、疏离、错落、附和、戏仿形成了某种"文字的安全感"（不是我在说话）与思想跌宕起伏的张力。

在我看来，这同时也是一种颇为有效的精神治疗。

人的一生常常都在迷途之中不停地回返，最后才发现，迷途就是唯一的路。

3

我正向着知天命之年迈进，但我仍希望有属于自己的老师，一个人精神上的莫大痛苦总是与失去依恋、依赖、依靠有关。钱理群先生在六十岁以后写的文章中说，一个人千万不要伤害自己的老师。不要说身体的伤害，就是情感的、精神的伤害，也至为悲哀。

一个人一生中没有遇上好老师，这是莫大的不幸。

一个人能够遇上好老师，那他再坏也坏不到哪里去。

一个人遇上好老师，却不知珍惜，他终归有悔恨的一天。

另一方面，作为一个学生，当你一想到自己的老师，心中总是容易马上就诚惶诚恐了。

4

任何人评价自己，都不可能只以上下班的签到，上完课的钟点、节数，写了多少篇文章，出了多少书等作为标准，评价的"客观"标尺总是容易找到，但更要紧的评价往往遵循属于"自己的"内心尺度，它以良知、自我期许和某些历史人物的既有标准等更为虚灵的准绳为参照，它是一种自律、一种自我校正，它是默默无声的、不断实施的自我督责——不管怎么说，我明白的是，你的"老师"总是会参与其中并渐渐赋形为一种心灵存在、一种精神性的确切而又灵动不拘的评判标尺，始终生活在你的生命之中。

真正的老师，无论谁见到他都会觉得他像个老师，他的学生无论什么时候见到他都会马上产生出自己是他的学生的"学生感"。

5

那些真正的教师，既是有教无类又是一生都在找寻着最适合、最需要自己教诲的学生。

那些伟大的教师，常常也是世间最落寞的人。他们是为历史而活的，有时候要过好多年甚至上百年，他才会"遇上"自己真正的学生。

美好的教育，会始终隐含着某种带有宿命色彩的神秘性。

6

没有一个人愿意生活在被派定的"格式"中，实际上，也没有任何一个人是被派定的，人的生命本能也从未有过这样明确的规定，这是人对自己最大的挑战，也是人最大的幸运。因此，反过来又可以这样说，人天生就是最不能安分守己的，人是被"规定"来学习的动物，也是被"规定"来必须突破自己、改变自己的动物。人之"人化"恰恰在于要使这种本能的冲动变成一种"永恒的激情"，变成不可变易的生命自觉，这时他所需要的那个老师，既是既有文化的继承者，又一定是自我生命成长与促进学生生命成长的范本。伟大的教师启迪自己学生最多、最重要的都是不教之教，由此，"知识的折服、道德的肯定、情感的依恋、精神的景仰"构成了一个真正的教师对学生而言的全部魅力所在——我可以进一步说，任何一个日渐纯粹的人，心智成熟平和的人，有独特理解力和某种对他人有特殊帮助能力的人，无论他从事的是什么职业，都堪称我们的老师。

谁走在我们的前面，谁就是我们的老师。

7

当然我并没有把这个问题谈得明晰与确定，做归纳与分类是我的弱项。

我愿意把自己所敏感地感受到的对世界个人化的体贴转化为你同样能理解的表达，我希望在持续地靠近之后，我已经说出了什么。

8

今天，我在苏州枫桥实验小学的会场和一千多位学生的父母分享家庭教育之道，比较重要的收获是，我确实应该把自己工作的重心更多地转到"家庭的成全之道"上来。正像我一位大学同学善意打趣的那样，"张文质对基础教育研究节节败退，从高中退到初中，再退到小学，最终他将要退到家庭，退到幼儿与婴儿"。大概正是这样。枫桥街道管委会的负责人希望我明年能够走进社区，和更多需要教育指导的家庭进行面对面的交流。这同样是想大问题做小事情的一部分。

一个教育研究者大概也应该努力使自己有补于世道。

9

今天下午的活动从一点半开始一直持续到五点多，最后还有几位家长留下来个别交流，他们的孩子的问题几乎都与幼年时不能和父母生活在一起有关。

有些教育见解有助于父母去认识孩子身上的问题所在，但是真正的治疗却是件困难的事，你会经常想到你并不能做成什么事。这样的结论，既使我们看到种种成长的困难时明白自己所面临的挑战，又使我们根本无法指望自己成为另一个更有能力的人。因此，在承认自己"真实的身份"时便有了一种放松感。

我希望自己是个"成熟"的人，这里的成熟主要指的是知道自己应该怎么退回来，知道自己应该从哪里开始重新学习。

10

总是在具体的应答中才有真正的挑战，比如一个家庭的任何难题，当然这里说的是孩子教育方面的问题，首先你根本就难以真正地"感同身受"，同时因为没有持续的观察，要做评断总是有问题的，而最大的问题则是所有的帮助本身都需要你有无限的投入才行。

"成熟"，作为一个新词

1

天气晴好，飞机沿着海岸线低飞，一路可以看到滩涂、流向海的河流，也可以看到海边的村落和集镇，最清楚不过的是，所看到的水都是浑浊、褐黄或乌黑的，海也完全没有一点湛蓝的意味，怎么形容呢？我已知道这一切，但仍是一路仔细看着。就想到，这大概是个事实：这是对各种污染进行整治的十年，每次都是加大"力度"，初见"成效"——只是不幸得很，在我们眼中的世界，这也是日益污秽的十年，又进而想到别的生活，比如某一线城市，肺癌人数十年增加了六成，想到国人，这十年患糖尿病的人数已近十分之一。如果想到教育呢，所谓的课程改革也是十年，然后已经开始的中长期教育规划也是十年，在所有美好的字眼中是否同样没有美好的生活？

这些天，一个词一直在我脑海中跳跃："成熟"。如果是一个成熟的国家，它会怎样对待自己曾是"原配"的青山绿水？"原配"这个词是从王开岭那儿学来的，然而我们面对的确已不是一个"原配"的世界。

2

忧伤常常是一种敌意，对热情、明朗、富有信心生活的敌意。我原是要继续谈论"成熟"的，很多时候，随便谈论什么问题仿佛都会把我带到"忧伤"那里。

3

"成熟"在这里并不是只属于时间与节令的一个词。

我会对一所学校作这样的评价：这是一所成熟的学校。

成熟是一种健全与平衡。比如，我曾经一直思考石梅小学，我几乎看不出它明显的破绽与瑕疵，它做教育之事总是能够做到就今天的发展水平而言，几乎就是最好的那种状态，你会很惊讶，以为它特别用了力气，它确实是特别用了力气；但另一方面，它又是自然地、日常地"长成"这个样子，也就是说，它做的每一件事情其实都是学校整体发展水平的体现，落实到每一个细节、每一个在其中承担任务的人，也总是让人感到"是这样的""应该是这样的"，似乎每个人就其负责的工作而言，都是恰当不过的人选。

从这个意义上说，成熟的学校也是很少犯错，尤其是很少犯大错的学校，这不仅仅是它用心避免犯错的成果，更重要的还在于，它是从每一日、每一个人、每一件事、每一项制度上，更多地保障了学校能够朝着正道行走。不是说它没有遇到挑战与具体的困难，而是说它在应对这一切时，总能够处置得稳妥，甚至最好。这个时候，你一定会感叹学校似乎一切都齐备，人人都合适，事事都周全，学校真的像学校那个样子。

成熟的学校一定没有明显的短板，它不必刻意追求什么，更不会"倾全校之力"办某一件大事，它似乎就没有什么大事，因为无论学校在做哪一件事，都只是学校工作的一个组成部分，每一件事总是已有人在"司其职""尽其责"，其他的人也仍是在自己的岗位上，学校仍是呈现出它自然的样子。成熟的学校不会因为某些"重要人物""关键时刻"而变得如临大敌、神经兮兮。——这里我已经说到，如果真有美好的学校，大概它真正的成熟就是赢得以教育的方式做教育的那种自由。

4

我想接着自己的思考继续，尽管我并没有把问题想到通透。

先举一些有点浅显却又易于感受的例子。我在苏州参加星海中学的教育活动，一大早，很多与会教师要离开酒店，开发票的服务台前聚满了人，却只有一个服务员在手忙脚乱地开票，我说这是一家不成熟的酒店。中午在另一家饭店吃饭，大冬天，圆桌的玻璃转盘上却放着夏季菜单的推荐餐牌，他们竟然在几个月时间里都没发现或是发现了也未及时作出改进，这显然也是一家不成熟的饭店。

我举这些例子想说的意思就是，所谓的成熟大体可以作为一种评价的准则，以此去审视学校的任何工作，"成熟"遵循的并不是简单的外在标准，而是事物应有的立场与方式，它也总是有属于自己的、更符合教育之道的那个"道"，最终是它在推动着学校向前走。

5

这些思考受启于星海实验中学，而我在星海实验中学首先谈论的是要"重新思考教育"：

其一，走向多维、多样、多元的复杂性。

其二，要努力去构建参差多姿的、健康的、能够持续生长的、生态化的学校。

其三，要始终意识到我们应该"在限制中求发展，在不自由中争自由"。

其四，对任何一所学校的所谓"德育"成绩都不要急着给予过高的评价。

其五，要更多地意识到我们自身的局限性，努力重新做回儿童——一个怀着童心与渴望的学习者。

当然我说的还有很多，也正是在星海实验中学，我的脑中划过了这个美好的属于教育的词：成熟。

6

我说：睡眠是最好的学习。

我说：没有自由的人是不道德的。

我还说：要带着欣然的爱和发现的快乐，去应对人性与体制的种种污秽。

我还用自己的方式，把学校要求每个教师的"每日十问"改为每日三问，自然这是我的想当然耳：

今天我是否对每一个学生都热情、友善？

今天我的课堂有什么惊喜？

今天我读了什么？思考了什么？

7

可以接着写下我的"成熟论"。

一所成熟的学校，当然会有一个成熟的校长，理性、稳妥、沉着，有着深厚的责任感——我完全能够不断构筑作为一位"成熟"校长所需要的品格，这些来自我们经验与教育理解力所形成的对一个美好校长的想象——其实当我们这样说时，我们是站在什么立场呢？我们时常要想一想，在这样一个时代，是什么样的人"占到主流"？"通过什么途径，这些类型的人被选择，被塑造，被解放，被压制，从而变得敏感和迟钝？"（C.赖特·米尔斯语）真正具有教育端正品格的"成熟"到底又是怎么回事呢？如果笼统地说到"成熟"，既是说出某种事物的常态，又可能是以模糊的方式藏匿了我们简直迫不得已的各种难堪和妥协，对各种司空见惯的欺骗和自骗的认同、默许，很多时候不也是我们对世事洞悉之后必然的选择吗？

如果不是这样，我们就要换一种方式谈论了。

8

无论谈论怎样的"成熟"都会涉及三个我们要思考的问题：

其一，是怎样的社会选择了一位所谓"成熟"的校长？它是通过怎样的方式选择的？这样的标准和选择方式多大程度上决定了一个校长的价值取向和工作方式？

其二，在多大程度上，一个校长仍然可以自行支配自己的精神资源和对教育的个人想象？这一切对一所学校又产生了什么样的影响？

其三，我们还可以回返过去作另一种审视：一个校长是如何变得成熟、变得更加成熟的？这样的个人成长的推动力来自何处？如果要进一步逼问的话，问题则是，他面对这个时代普遍的道德困境（这也是教育的真正难题），又是如何反诸自身去面对的？每个人都有自己的问题，但是在教育之中，一个人所面对的则不仅仅是只属于个人的问题，或是可以隐匿在内心的问题，他必须时时刻刻都要作出判断、作出选择，更为严峻的是，一个校长，他的任何决定都会牵涉无数直接受其影响的人。

我还想接着说几句，如果一个社会极其缺少"成熟"的校长，那是社会的机制与结构出了问题。如果一所所学校都粗糙、急功近利、狂躁，有各种引人注目的纰漏，却几乎毫无改善的可能性，那我们就不能把这些也归结为"这是发展中的问题"。

正如 C. 赖特·米尔斯所指出的那样，"普通人在其有限的环境中是没有力量解决由体制或体制缺失所施加于身上的困扰的"。

每天变小一点，变回一个孩子

1

我的朋友中年纪最小的是丁想恬，今年读小学二年级，我们是在广州越秀区教育局一位朋友组织的茶叙上认识的。那天，带着丁想恬一起来的妈妈迟到了，一来就说："想恬，你坐在沙发那边自己玩。"丁想恬不同意，我也不同意，我说："你怎么能让小朋友单独玩呢，她应该和我们坐一起，嫌我们烦了，再自己选择要坐哪里。"于是餐桌旁就添了一把丁想恬的椅子，她坐在那儿，安静地听着我们的叽叽喳喳。过了一会儿，她突然对我的发言大声"表扬"了一句："你说得很对，就是这样！"我高兴地笑起来，哈，今天得到了这么小的小朋友的肯定，真是太不容易了。

我把丁想恬叫到身边，问她叫什么名字，也告诉她我叫什么名字，然后正式地和丁想恬握手，对她说："认识你很高兴！"丁想恬则小声地回应我："我也是！"我们就这样成了朋友。

2

丁想恬告诉我（当然主要是我问她问题），今年夏天她去了欧洲四国，我说："你印象最深的是什么？"她说："法国是卢浮宫，意大利是威尼斯水城，瑞士是雪山，西班牙是高迪的神圣教堂。"还说："高迪多有耐心，他的教堂怎么也建不完，人死了，教堂还在慢慢建。"

我问丁想恬："你有没有最喜欢的朋友？"她说有一个。我说："是你更喜欢她，还是她更喜欢你？"丁想恬说是她更喜欢这个朋友。我说："你喜欢她什么？"丁想恬想了想，说："我不知道。"当丁想恬的妈妈问她什么是好朋友时，丁想恬的回答是："好朋友就是你喜欢的人。"

丁想恬还告诉我，她最喜欢上英语课，喜欢妈妈给她读童话，喜欢跑步，喜欢大喊大叫。她妈妈说她的喉咙经常是哑的，现在都有点小结了，医生说要等 11 岁以后才有可能好。

后来我要提早离开，丁想恬一定要送我到大门外，还希望晚上陪妈妈和几个同事一起去看我。

听说，晚上她一回家就对外婆说，今天认识了一个特别好玩的张老师。

3

回到福州了，我还挂念着丁想恬小朋友，今天又特

157

地给她妈妈打了电话，希望她转达我对丁想恬小朋友的问候。

我常常对别人说，我现在和人相处，总希望自己是更主动的那一方。对丁想恬小朋友我也要这样。我对她妈妈说："你要告诉丁想恬，要是有什么需要我和她一起讨论的问题，她就打电话给我吧。"

4

今天，我对一位向我抱怨教育孩子太难的妈妈说："教育一个孩子太难，生两个就会好一点，教育两个孩子太难，生三个一定会好一点，你要是有五个孩子，他们一定就能实现互相教育和自我教育。"

这既是笑话，说的也是传统家庭的某种共性。

5

爱尔兰诗人叶芝曾说：我们与他人争论，产生的是雄辩，我们与自己争论，产生的是诗。显然，叶芝是站在诗人的立场上来理解人性的诗意的。不过，今天你与任何人交往，尤其是与一个孩子交往，如果你没有一颗诗心，孩子首先就会辨认出这一点。孩子眼中有幼稚的、简单的，又最为奇特的辨别力，这也是最值得我们珍惜的"荡涤成人世界污秽与鄙俗的清洁力量"。我们一方面引领、帮助孩子成长，另一方面始终又不应该忘记自己要向孩子学习，谁忘记了这一点，谁的精神生命就再也无法继续生长，他就真的衰竭了。

一位成人应该是长大了的孩子，又能不断地"复归于孩子"。

6

在一个既焦虑又冷漠的社会中，人人都有满腹的敌意和怨气。我常想，社会某些结构性的问题最终当然要靠结构的变革才能解决，还有人想到了宗教启迪人心、变革社会的力量。对我而言，更为切近的，是萦绕不去的童年记忆，以及通过不断的阅读所形成的可以称之为"情怀"（悲情、悲怀）的那些心灵力，它们指引着我对灵府的守持和生命的更新。

成为一个女孩的父亲，在 1996 年之后不断地走进儿童世界，看来都是我美妙的"遇见"，从此，我才真正廓开生命的教育之旅——我像是找到了一件合适的事，为自己的人生添加了更为可靠的寄托。

7

如果我再从自己继续说到这些天思考的关于"成熟"的教育话题，我已经找到几个更为明确的"关键词"，那就是精致、丰富、多元、恰当。

精致，可以针对教育的服务品格与质量而言。

丰富，指的大概就是可供选择的一切都极其有助于一个人的成长，既为儿童喜爱，又符合儿童所需，它有着令人惊奇的多样性。

多元，既尊重文化多样性与差异性，又指引儿童努力培植更开阔的胸襟去接纳与尊重异质的一切。

恰当，可否首先理解为一种处人、处己、处事的能力？真正的恰当，它遵循的总是理念化的内在标准，它在反复斟酌和实践中努力提升自己的境界。

现在我先记录下自己初步想到的这些。

8

我先是在苏州工业园区的星海实验中学涉及这一主题，然后又在江苏江阴的华士实验小学的读书节上作了更为系统一点的阐述。

华士实验小学已是百年老校，参观图书馆时，我先是惊讶地看到我敬重的华东师大中文系的徐中玉先生的一句话醒目地写在墙上——"珍惜今天的读书生活，自强不息，把自己培养成为社会英才"。走到门口才知道这个图书馆就叫"徐中玉图书馆"，原来徐先生小学时读的就是华士实验小学。哈，大大地吓我一跳啊，我冒冒失失地跑到先生的母校了，要是早些知道，心里一定很踌躇呢。

我倒是早就知道华士实验小学的声名，它的书香校园建设已历十多年，读书节也已举办十七届，现在做的是全员全科阅读，不仅读绘本、读童书、读诗歌、读小说，也读英语原著、读数学、读科学书籍，人人都是读书人，个个都要当"点灯者"。这样的乡村学校真是令人心生敬意。

在这里讲"成熟"的教育，老师们听了确实更为会心。"办孩子们喜欢的学校""做优秀的世界公民和永远的中国人"的办学理念，就我的感受，他们是真的一点一滴在做。他们编制了"七阶段课程手册"作为校本阅读教材，名称也很受孩子喜爱：赤掌鹅、橙嘴鸥、黄尾蝶、绿孔雀、青翼鸟、蓝眼鹰、紫凤凰。学校图书馆的桌椅、书架全部"矮化"，成了小人国，真正以儿童为本。所有的教室也都有开放式的书橱，童年与绿色植物相伴，可以说既是充满诗意的，又是宜居的。薛瑞萍、徐冬梅、蒋军晶、梅子涵等中国教育推动读书人物先后走进校园，作家曹文轩、秦文君、王一梅、张秋生、何梦华、管家琪等来到学校与师生对话——你想想吧，还真的有点让人羡慕呢。

"成熟"的学校洋溢着书香、花香和灵魂中溢出的清芬。

9

我在福建师大附中听课作评点时提出了"改造学校"的几点思考：

学校应该是学习的学校，而不是考试的学校；

学校应该是成长的学校，而不是管制的学校；

学校应该是发现的学校，而不是限制的学校；

学校应该是宜居的学校，而不是寄居的学校。

我听的是所谓的"思想品德"课，我真不知道这个学科怎么才能"正名"，名不正则言不顺，这是教师们内心最大的困扰之一。我听完课想到的是，作为高中的"思想品德"教师首先要有新的知识、新的理解力，要是没有这些"干货"，你当教师就太无聊了。因此，你进课堂之前都必须想一想自己到底知道些什么。

教学最重要的目的是要使人变得聪明，而不是充满罪恶地图谋使人变笨。

什么是需要教的？什么是不需要教的？学生已经知道什么？还不知道什么？教师的智慧首先体现在要有这样的辨别力。

做一个思想品德课的教师太难，它是一门综合学科，政治学、经济学、历史学、文学、社会学、教育学等学科都参与其中，又受到体制的深度宰制，教师要想有所腾挪，真要下足苦功才行。

10

我愿每天变小一点，
这样才对得起我经历的一切。
——好吧，今天就写到这里了。

在路上，有关"问路的隐喻"

1

我是从樟木头坐上广深动车去广州的。我想着"樟木头"这个古朴的地名，一路寻找老樟树的踪影，当然是什么都没有看到。东莞塘厦镇中心小学的校长和老师都告诉我，从广州去顺德极为便捷，只要在广州站下车坐上地铁就可以到达，对这一点我还是颇有疑虑的，在火车上就给一位广州的朋友短信询问了一下，她回复我广州没有到顺德的地铁，只有"和谐号"，不过是在广州东站下车，再坐动车。我又给顺德的一位朋友短信询问，他告诉我在广州站、广州东站都可以转去顺德的动车。我只好又去询问列车长，他告诉我"可以在东站或广州站下车，然后坐地铁到广州南站坐动车去顺德"。我便在广州东站下了车，先是坐地铁一号线，然后转地铁二号线到了南站。下了车我才知道，如果从广州站下车坐地铁二号线即可到达广州南站。

但在下车前，我收到了已经到达顺德参加第七届中华青少年生命教育论坛的"故事妈妈"黄欣雯老师的短信，她告诉我，我弄错了自己讲课的时间，不是 12 月 4 日的上午，而是 5 日上午。

这下麻烦可大了。我暂且不说我是怎么处理的。我又坐地铁回到了广州市区，在第二天傍晚由广州二中的司机开车送我去顺德。这位师傅原先去过顺德，去之前他又上网查了下宾馆所在的位置，他告诉我大概一小时即可到达。车很快就到了顺德，并靠近了宾馆所在地——顺峰山，师傅先走了一条去顺峰山的路，但被告知宾馆不在这条路上，只好倒回另一条路，前面有去往顺峰山的标识，但正在修路，我们拐弯转了一圈，却惊奇地发现自己回到了原先那条路的另一个方向，只好再问路。一阵比划，再倒车，车又到了那个标识下，再拐弯又到了那个修路的地方，再问路，一阵比划，再倒车，车又到了原先那条路的另一个方向。只好再拐弯，再问，继续向前，前面出现三个分岔路，我们在一个地点，分别问了四个人，师傅说他真不知道怎么走了，我说叫个出租车带我们去吧。

出租车带我们去大概只花了五分钟。但在这之前，我们已花了一个多小时，我们前后向十来个人问路，令我惊奇的是，每一个人说的、比划的方向都不一样。问的人分别是：道路协警、停车场管理员、开私家车的、路旁经过的人，说的全是本地话。

我由此想到了一个有意思的话题："问路的隐喻"。

2

还需要交代的是广州二中送我到顺德的师傅，虽然车在路上倒来倒去，他不但一句怨言也没有，还总是信心满满地告诉我，应该很快就能到了。

找到出租车带路后，我对他说："反正也不远了，我就坐出租车去好了，你可以先回去。"师傅先是不作声，后来才说："你是学校的客人，我的任务就是要把你送到目的地，要不然我怎么也不放心。"过了一会儿，他又说："前些天，广州有人凌晨四点坐出租车，半路上上来两个人，就把这个坐车的人给杀了，至今仍未破案。"

3

我再说说"四村的隐喻"。

在第七届中华青少年生命教育论坛的现场，我作为小学分会场的主持，讲座的时间只有 25 分钟，我讲座的主题是《研究教育就是研究儿童》，我在话题开始时讲了一个"四村的隐喻"。

我说："每个国家的人看到的世界地图都有所不同，这不同主要是自己的国家在地图中的位置不同，所有国家都会把自己放在中心的位置上，似乎世界是由这个中心辐射开去的，这样以'我'为中心的位置感，就会产生所谓的'天涯海角'，比如中国的世界地图中，我们所看到的某个国家，简直就是一个'被世界驱逐'的国家，它所处的位置实在太偏僻了。"

其实我们内心都有一个根据某种"中心"所确定的方位感，这既是我们理解世界的方式，也是我们确认自己的方式，我们几乎总是会自然而然地把自己放在中心的位置上。

前几天我在东莞塘厦镇中心小学，校长告诉我，学校所在的位置是四村，有一天村长说想对村里的孩子进行奖励，要学校对四村的学生成绩排个队，校长觉得这样做有点不妥，而且学校根本就没有对学生排过队。他就到初中了解四村籍学生的成绩情况，发现在中考成绩前300名的学生中，竟然没有一个是四村的子弟，他对村长说："你们村的学生即使与本村的同学比很'优秀'，但中考成绩却在300名以外，奖励他们有何意义呢？与其要对这些学生进行奖励，不如用这笔奖金支持学校的工作，使学校能够花更多精力帮助四村的学生，使他们尽快达到学校的平均水平。另一方面，更为重要的是，村里要多花些时间，多想些方法，使四村的村民更重视自己孩子的家庭教育，这才是正道。"

也许，在我们内心，我们也都有一个这样的"四村"。

4

以上的文字都是"在路上"所得，有时我感到把任何文字记录下来都是颇费周章的事情，该怎么记录或叙事呢？叶芝说："散文的修改是没完没了的，因为它没有固定的法则。"

现在我更感兴趣的当然不是文字本身，我总是喜欢从这些事件中"看到"教育的况味，——在你的省思中，所有的事件都变成了教育事件。

5

叶芝说的另一句话是："诗写得恰到好处，就像一只盒子关闭时发出的'咔嗒'一声响一样。"

6

我常常在路上，有时几乎习惯了一个人住在酒店里的感觉，一切貌似干净、便捷、熟悉。由于知道自己处于孤寂之中，我总是一进房间就拔掉了电视的插座，"有些声音会增添一个人的孤单"，我信奉这样的提醒。

真正的陪伴是书、写作，一些反反复复的回忆。

"陪伴是文学的另一定义"，这是杰克·凯鲁亚克的观点。

7

广州二中的张先龙副校长在和我喝早茶时说："有时候我实在对学校里的老师们的高效率感到很担忧，特别是女教师，她们做什么事都雷厉风行，一步到位，现在学校里还真找不到一个懒人了，一所没有懒人的学校，可能并不是一所好学校。"

这是星期天的早晨，我们坐在广州的鹿鸣湖边的茶楼里，阳光照得人很舒服，张先龙前几个月做了大手术，现在身体正在康复中，他说："再过两三个月，你来广州我就可以陪你喝酒了。"我说："一个人要是再也不会心血来潮，他就乏味了。"

8

"我们不知道自己要找谁，只是看见一个又一个的人，然后在心里不停地说，'不是他，不是他'。"而我亲爱的格在她的 QQ 上留下这样的签名：

大道才知是，

浓情悔认真。

回头皆幻景，

对面是何人？

——出自孔尚任《桃花扇》

在路上，轻得胜过尘埃

1

如果我在路上，请算上我为安排出门所费的心事，算上从福州到长乐机场的 45 分钟，算上飞机起飞前无法准确计算的等待，算上飞机上的旅途，有谁爱过这样的旅行？然后再算上从机场到目的地的颇费周章，某些酒店中各种可疑的响声——比如，半夜冰箱"冰的声音"，饮水机加温的声音，空调，排气系统，门窗，有人敲错门——无法拉拢的窗帘，电视的电源"红眼"，床边各种开关的微明的光亮……躺在床上的人，盘算着明天讲课时的场景，他开始数羊，一只又一只，无数的羊都跑出来了，羊也是一种陪伴，不过它一直不能进入你的睡眠。羊有一屋子。

有一天我想到，当然也是在那张数羊的床上，我想到这样的夜晚帮助我沿着来时的路走回去，一直走到童年的起点，我在不断的理解中说出自己的故事，其实我也说出了生命的一条新路。

2

这样的句子不属于我。

"可能的话，我是巴黎最孤单的人。清晨六点，天下着雨，我坐了机场大巴去城里，靠近荣军院的地方，接着在雨中坐了一辆出租车，我问司机拿破仑葬在哪里，因为我知道就是在那儿附近的某个地方，并不是那有什么紧要，但过了好一阵子，我觉得那是很无礼的沉默，他终于指了指说'那儿'。"（杰克·凯鲁亚克）

这也是格最喜欢的作家之一，他的代表作就是《在路上》，多年前我也读过了，以至于现在一句也记不起来。

不过当你再阅读时，你总是会读出自己同样出现在路上的身影。

3

2011年，我走过昆明（两次）、海口、深圳（三次）、中山（两次）、广州（五次）、顺德、东莞、长沙、西安、郑州、洛阳、兰州、石家庄、北京、哈尔滨、南京、铜陵、蚌埠、南通、苏州、常熟（几次呢）、上海（记不清几次了）、江阴、宁波、常州、泰州、徐州、泗洪、厦门、漳州、顺昌、泉州，还有哪里呢？

我这样罗列出来，好像我随时都可以为它们写一篇旅行札记，其实不能，我几乎只看了城市一眼。我属于一些教室，一些会场，一些消费话语的紧张时刻。

我还要加上一句，旅行增加了我的焦虑。

4

2011 年是从诗歌中开始的，也将在诗歌中结束。

先是 2010 年 12 月 31 日到 2011 年 1 月 1 日的跨年诗歌朗诵会，在福州，在芍园一号，有点惊心动魄的诗歌的行为艺术。这样不间断的 24 小时，似乎长于三个 24 小时，你如果没有亲历，你就不知道时间如何排斥所谓的浪漫，尤其是，凌晨两点到五点，也许可以夸张地说，只有一个人在朗诵，一个人在听，而听的人就是朗诵的人。当然，实际情况肯定比这更好一点，参与者最少的时候，也不会少于五个人，尽管有两个是在现场守着取暖的汽灯睡着了，还有人睡在门口的汽车里，而等到确认到底有谁坚持了 24 小时时，说自己坚持了 24 小时的人，多了好几个。

今年年会轮到哈尔滨，主题就是"心血来潮"，想想吧，窗外零下 26 度的冰雪世界，室内暖暖的诗的款待——诗歌的行为艺术也是诗歌的教育，我希望有很多父母和他们的孩子来现场，今天已经有一个妈妈说，她会带上孩子来哈尔滨，孩子还会带上她没完成的作业。

……

冷静一点！

诗太美了，言语无法形容，但只有言语可以形容。

里尔克曾说，诗的意思就是爱情，深爱着的那个
"爱"。

郁金香

红色的郁金香

活着进入死亡

红里透着几分绿色的狂野

郁金香

变成翅膀

风的耳朵

滴溜着眼睛的长耳兔

西风

摇撼松动的窗玻璃

几瓣花落了——

那种声音

有人听

这是谁的诗呢？美国诗人德尼丝·莱维托芙。

此刻

不是滴水成冰

学温顺的狗

守着灶膛

把忠诚当成最大的幸福

5

正是这样细细碎碎的文字把我召唤到桌前，"书中自有颜如玉"。

有个老先生正在电视里起劲地说着大格局，如何突破第一岛链，再突破第二岛链，然后还有第三岛链吗？我把电视关掉了。窗外仍"荡漾"着某些有颜色的歌，我不能当作听不见，是的，我听见了。

它们高声的嚎叫

像是同声的祈祷

旷达，专注，全心

托付于信仰

我姑且这样想好了。

6

我的同学、好友宋琳终于也变成了头发稀疏、肚子微凸、面色褐红的老男人了，他回福州参加各种诗会好几天了，我居然都在外面"流窜"，一直到他离开前的晚上才见上。我们坐在某个不适合谈话的地方。既然不适合谈话，我们会不时对视一眼，然后嘲笑对方几句。让我比较惊奇的是，宋琳告诉我，以前的事情基本上记不住了，我原是想和他交换一些情报，这样的念头已经产生很久，看来难有机会了。

他现在还写诗吗？我没问，他告诉我他画了不少油画，这次也有和几个诗友一起做的油画展。好些诗人，同时也是画家。宋琳遗憾我一直没看过他的画作，我似乎更关心他怎么就记不起以前的事了呢？他又说现在看自己实在是乏善可陈，他对哈尔滨的 24 小时诗会感慨的就是干吗要弄这么长时间，上次我们在华东师大招待所同居一室，他和我没聊一会儿就睡着了。

他回国定居后，先后在两所大学任教，现在则不再担任教职了。"对我来说，教书真是考验。""我仍然无法适应早起，现在又多了一条，实在无法晚睡。"

7

我也是老男人了，所以乐于看原来的帅哥怎么老去。宋琳说，现在再也不要谈爱情了，爱情属于不一样的心理年龄，除了有特殊的心灵构造，要不然连情欲也会老去，心如止水，说的就是老人吧。当然这是普遍的道理，我也认同。但我更愿意嘲讽老同学的则是，爱得越热烈，衰老来得越早。我仔细想想，好像又不是这样，有的人爱的始终不是"爱的对象"，而是分门别类的，身体、欲望、需求、幻觉、自尊、记忆、安慰、安全感、归属、偶然，等等。也许很多人都喜欢自己像寄生虫似的寄居在爱的需要中。不过，在我们短暂的会面中，这是无法充分展开的话题。

现在剩下的问题只能是，如果你还年轻，你赶快爱、继续爱吧。

8

大概有一天，有些事物将不再存在于你可以看见、可以聆听、可以触摸的世界之上，像绘本《马提和他的祖父》中的祖父那样，他越来越衰老，越来越小，终于被马提吸入鼻子，最后永远居住在马提的身体之中——这仍是美好的一首诗，但已经轻得胜过尘埃，无论你怎么想象，你都不可能再遇到。

在路上，所见皆所思

1

我去过一个城市，我并不可能对这个城市作出多少的描述。尽管在那里我看到一次所谓"完美"的月全食，看见天上有无数的星星，看见一座建成没多久的桥梁正在被拆除，看见到处都是围起来修地铁的土地。我并不能想到这些情景与另外的城市有什么区别。

到达会场之前，我先在校园里看一看，周末，当然仍有要上课的学生，不过你看不到他们，黄灿灿的银杏叶子落了一地，几乎是最好看的。我特地留意了一下，除了几个石凳外，路旁、树下，再没有一张椅子。是啊，大概平时也不会有什么需要这些椅子的"闲人"吧，在这所长沙著名的中学。

2

有两个小细节值得记下。一是我们到这个城市著名的小吃街，一个新造出来的"老店"，一楼坐满了人，服务员招呼我们去三楼，我们一看都是包厢，觉得不像

176

吃小吃的，便到了二楼，没想到服务员就是不给"服务"，原因很简单，一楼没坐满，二楼不开张。我们告诉经理，我们刚去看过一楼没地方坐了，经理却说他还没接到通知。我们听了实在有点晕，好像一下子回到了"旧社会"。

我住的酒店隔音差，半夜两点多被隔壁电视吵醒了，我只好打电话给服务生，让他们提醒一下。过了好一会儿，隔壁还是那么吵，我只好又打电话，没想到同一个接线员，居然对我说起了本地话，只是为了掩饰刚才电话不受理的事情，仿佛是"另外一个人干的"。

3

邀请我去讲课的老朋友 T 教授真是太忙了，第一天我到达时，他正在附近一个城市开会，赶不过来，第二天上午他做完讲座又要赶去开另一个会，晚上我吃饭快结束时，他才从别的饭局赶来陪我一下，下了餐桌又要忙着商量一些会务的事，我们很快握手道别，因为第二天他又有要开的会。现在我想想，我真不知道我们坐在一块儿都说了什么，也可能还是说了一些。

有时我愿意这样想，一个人本质的极度复杂性，就世界而言，它是可以想象的常态，无论命运对一个人作出怎样的安排，我们终归可以根据这个具体的个人，找出能够为我们所洞悉的生命的秘密。一个人认同了自己的处境，他就一定会从这样的认同中获得自我支持。因此，也可以说，这世界上没有所谓的"身不由己"，因为所有的决定都在这之前已经做下了。

4

我们是迅速老去的一代，无论谈论什么，总是会谈及我们无所不在的尴尬，总是往回看，然后一直看到眼下的处境，不过话题往往也就到此为止，因为已经没有未来可谈。

今天我学到的句子是："过分的孤立无援感会贬低一个人。在我这里，一切似乎都失去了目标。如今，就让我们活得长久一些吧，忍辱负重地长寿——这就是你我的义务……"（帕斯捷尔纳克）

上午我在给孙明霞做博客回复时，写下了一个句子：感恩我们已经老去。

5

内心涌起的冲动使我愿意这样坦诚：所有的命运都是无法推卸的。

但另一方面，一个人千万不要忘记了，"我们真正的福气，往往是以痛苦、损失和失望的形式现身的"，这个观点来自于英国 18 世纪散文家、诗人约瑟夫·艾迪生。这不是一种简单、浅薄的"乐观"，它强调的是身处困境时命运可能的眷顾，或者，更重要的是耐心、洞见力带给我们的"突然"的生机，倘若你过早地陷于绝望，就享受不到看似充满灾难的时代，已经闪现的那些终究也属于我们的福分。

总是需要更多的承受和担待。不过在 2011 年快要结束之时，我也免不了害怕这世道。

6

先需要自我照亮、不断地盘点自己，我们才能对别人也说一些已经经过反复思量、多少有点意义的话。

7

一个人就是写下了再好的书，大概也代替不了这个人自身。

8

要想成为一位好教师，最要紧的当然是"一切都取决于你以什么态度去教"，"这态度其实就是你是怎么说的，你也是怎么做的"，"你的清澈见底、坚定明确同样是不自欺其心，不装糊涂，不躲闪"，不单人性是复杂的，所有的诱惑无论你屈服于哪一个，你在自己的内心就不会那么有力量，心实在难以说服自己，所以好教师也就少之又少。

9

我这样写出我对想象的教师的描述实在是"多余"

而又"不可靠"的话，我承接着思考的问题是，"恐惧"确实已经成为一种"文化"，它有各种各样的形态，取媚、屈从、畏惧、犹豫，你可以无限地罗列下去，要想根除这一切，不知道要经过多少年的努力才行，我要思考或表达的一切恰恰都是由此受到激发——这是一种不幸，这又是一种幸运，你生来就是为了面对这一切。

10

法国作家尤瑟纳尔写到某类作家、相当罕见的人物，她的描述让人过目不忘：这是一个"倔强的作家——与他的时代逆流而行，绝不妥协的正直和一种完全的诚实，在某种程度上献身给一项被迫害的或是失败的运动"。

在我们的世界中是否也出现过这样的人物？

这也是我们实在无法从空气中凭空虚构出来的——更恰当的说法应该是，这古老而庞大的民族所贡献的奇怪的人物，从来都特别稀少。

我们往往还要补上这么一笔，今天即使最为优秀与高洁的人物大都也免不了同样具有这个时代普遍的缺点和荒谬可笑之处，其中主要的原因可以归咎于体制极为强大的统治力以及细密的、持续的对头脑的清洗，当然，通过对各种资源的控制与支配，肯定能够达到它所意欲的目的。

对我而言，我始终能明白的就是，我也就像瑕瑜互见的作品（这已是不错的自我褒扬），卑下而又灵巧，笨拙却又机敏，既知悉自己的贪欲，又能制止自己的生命滑入更为深重的愚蠢和颓丧——必须承认的是，我逐渐失去了对博学和深刻的景仰，在内心深受各种思想消化不良的折磨，一个人如果能通透地理解这个世界，并最终能够守住自己的信仰，他就堪称伟大。

11

我自我培养的"社会学家"似的习惯，通过无数细细碎碎所见，引起的是"如是我闻"，不过我已经难以祈求自己如何改变，"那个年事渐长的人，过早地原谅了自己的惰性"。正如今天我看教育，看各种世态，我更愿意想到的就是很多愚蠢几乎难以避免，我们不可能在这样的事业中获胜。有的人在自己极端的处境中确实"惨死了"，另外的人，包括我，也仍然要过着自己的生活，我们其实并不可能和各种苦难保持距离，因为这些苦难已经拖得太久，我们都能够承受了。

我不愿意放弃微小的欣喜

1

我常常说，那些家境好、身体健康、童年过得幸福的人更适合做中小学教师。当然，这不算什么特别的见解。我想的是教师作为一种职业，收入实在微薄，很多人生计仍是艰辛的问题，既干体力活又颇为费脑，加上各种压力甚至伤害实难避免，好的生命与生存状态，大概能够帮助教师尽到自己的职份。

从今天的教育境遇而言，作为一个教师，很难不身处各种焦虑之中。比如，说到教育质量，到底指的是人的发展，还是学生所取得的分数？说到工作的责任，到底指的是教师的职份，还是应对各种疯狂添加的反教育、伪教育行为？说到爱学生，到底指的是职业之爱，还是无止境的情感付出？因为面对那些父母根本没有尽到责任的学生，很多时候你根本就是束手无策。按照体制曾有的逻辑，一切都可以"对立统一"，但你回到具体的教育生活，就知道这类说法实在是胡扯，恰恰正是体制本身不受约束的力量构成了各种焦虑的主要根源。

另一方面，这样的焦虑既是学术性的，又是道德意义上的，可以说，所谓的教育变革和学术研究，几乎没有真正帮助过教师从焦虑中得以减缓或医治。这样的状况当然不仅只是教师与教育的问题，紧张、沮丧和焦虑已经成为一种普遍的社会心理状态。

2

我希望即使不借助某些术语，我同样也能够提出对教育的思考，很多时候我仍然难于相信自己的学术能力，我大概一直是用文学的方式言说教育，我更感兴趣的总是细节、场景、习俗、仪式、具体的人、话语、面相、气质……我绕到了教育的一扇侧门，我看见无数的词。

那天在长沙的街头，我对自己还有一个发现，我先看到了一个小女孩很像小米，越看越像，然后才发现牵着小米的果然是她的妈妈刘尔笑，和刘尔笑并排走的是小米的爸爸。我总是先看到孩子，然后才看到大人，我总是先看到细节，然后才廓开去看到与之关联的更开阔、更复杂的世界。而当我从这个开阔的世界往回溯时，我似乎可以从某些细节中更清晰地理解事物的复杂性和关联性。

我想说的是什么呢？我表达的从不是对教育的厌倦，如果我也可以算是教育的研究者，我的写作其实仍然充满了对更好的教育的呼唤和想象。

3

　　我很感恩有机会访问无数的中小学，仿佛它们久已等着我去发现我的"发现"。比如，在南京柳咏梅的课堂上，我对合在一起上课的两个班的学生们说："我可以模仿巴金《日出》的句子'在海上，为了看日出，我特地起个大早'为'在福州，为了听南京柳咏梅的课，我特地起个大早'，我坐小车赶到机场，然后坐飞机赶到南京，再坐大巴赶到南京城区，再坐出租车赶到你们学校，就是为了听柳老师的一节'复述课'，然后再和你们聊上一节。"一个女孩子告诉我，她们私下会叫柳咏梅"柳姥姥""老柳"，"她也知道我们这样叫，她无所谓"。在和我对话时，一个孩子说："我希望学校不要改校歌，那是我们的校歌，一改我们就没校歌了。"还有一个孩子说："校服也应该延续下去，这样以后我们一看到穿着校服的学生，就知道他们是我们的学弟学妹。"还有一个孩子拿着思品的课本对我说："老师你看这个教材，都是错误的观点，我学还是不学呢？"而一位写诗的学生，已经很久没来上课了，今天她带了诗歌，还希望我给她 QQ 号。柳咏梅对她说："下一周你就回来上课吧。"还有一个学生问了我问题后，说："我这样会不会变得很另类？"她的几位同学高兴地一起叫起来："你现在还不另类？"

　　在上课前后我也到柳咏梅的办公室坐了一会儿。柳咏梅告诉我："学校里只有一位教师读你的书，所以到我的办公室，我也就不必向大家介绍你了。"他们正在很自然、很家常地聊天，声音响亮。柳咏梅的桌前可以看到街边叶子已经枯黄的冬天的树。

还有一个细节值得记下。柳咏梅提醒我使用下这所学校的学生厕所，我发现那里几乎无异味，蹲位是封闭式的，洗手台有洗手液，有擦手纸，有烘手机，要是也养上金鱼，就超过老凌的二甲中学了。

4

晚上溧阳外国语学校的芮火才校长派司机把我接到溧阳。芮火才校长直率地告诉我，一次在南京召开的教育体制创新座谈会上，他发言指出：南京市的教育改革首先要摘掉某一所学校这颗"毒瘤"，全市虽然只有这所初中允许通过考试录取学生，但是它败坏了整个基础教育的价值取向，全市所有的小学都以有多少学生考入这所学校为评价标准，它的消极影响不可低估。而我的观点是，应试教育愈演愈烈，体制难辞其咎，核心就在于它以教育谋利，教育不公平的原因首先在于权贵阶层要从中获益。

真正的麻烦可能就在于这里，正像爱默生说的那样，"政府不一定来自于价值认同"，今天的教育更是如此，不过即便这样，你还不能不具体、按要求地去执行。"做完无聊的事情，我们能否做些有意义的?"这是江苏泰兴襟江小学的杨金林校长提出的问题。这样的转化，道出了我们更应该有的是另一向度的思考。

只有内转，不断在自己内心寻找理由的生命自觉，才能支持真正的教育变革。

5

教师与学校的变革，不可能触及与推动体制结构性的变革。它是教师个人的改善与学校局部的改良，常常最可能做的就是"减法"，在限制中求发展，在不自由中争自由，这已经是最美好的祈向。

通过持续的阅读，获得更丰富的理解力，体验人性和生活的甘美，在想象中抵达不可能的世界，"仿佛多活了好几回"。我不说这是一种对被异化了的生活的抵抗，我说这首先是可能的生活，是怜惜与自爱，有时哪怕就是"发现"与使用了一个属于自己的词。

6

在溧阳外国语学校，新认识的小学青年教师彭峰在陪我游天目湖时对我说："我从你的讲课中听出了你所运用的现象学研究方法和后现代课程论的背景，尽管你并没有使用那些术语。"这是第一位和我分享后现代课程论阅读心得的小学教师，他在我讲课现场还夸张地说："体验到了和读你的书不一样的强烈情绪，就像你专门为我一个人讲课一样。"

天目湖是国家 4A 级景区，湖水清洁，景色美丽，溧阳人"自诩"为"天之美目"，在一个小山岗上，我为彭峰和陆丽萍校长朗读了一篇新写的《小事物的教育学》，这是我乐意做的，"我不愿意放弃这一种欣喜"。（里尔克）

7

溧阳的芮火才、泰兴的杨金林、二甲的凌宗伟三位"成熟"的校长的学校，开车的师傅也都是温和、专注的人，坐在他们的车上你会感到很放心。我的"成熟教育学"，常常也从对学校教职工的观察中得到启发。大概，可以有点自得地说，一个人如果有心，便是事事皆教育，处处有启迪。

8

现在我要记下来的是，泰兴襟江小学杨金林校长和我谈的一些话。他说，襟江小学已有 150 年的历史，这几年他一直深感焦虑，天天想着要对学校历史有所梳理，对未来有个交代。他和教师们花了半年时间整理校史上杰出教师与校友的故事，又用半年时间让师生共同宣讲现任教师中杰出教师的事迹，最后形成了襟江小学精神——"以江为襟，以水为师"。

这所出过丁文江、朱东润、丁西林、郑肇经（近代水利事业奠基人）等无数杰出人物的学校配得上有这样的校训，可能更重要的是，这也是对未来的引领与书写，值得期许。

和一位朋友说起下半年所见的各种教育人物，她说，美好的人总是易于见识，美好的人总是有机会走到一起。

有些重词不是轻易就能说的

1

我也不知道为什么 2011 年 12 月 1 日上午在福建师大附中评课、讲座时会冒出那么一句:"我们要帮助学生去理解这个世界的复杂性,历史的发展并不是遵循简单的线性逻辑,'由此'一定会'及彼',努力一定会成功,进步的力量会战胜腐朽的力量。比如,今天朝鲜的金正日突然死了,他的继承人又遇到麻烦,有些人们认定的逻辑很可能就会被改变……"当 12 月 19 日中午我听到金正日去世的消息,心真的咯噔了一下,我 12 月 1 日的讲话并不是预见,更不可能是……总之,我的心还是咯噔了一下,然后获得了片刻极其强烈的愉悦。

2

一项由某教育厅主要负责人主持的教育项目,已覆盖该省所有的学校,并继续在其他省份推介,而且推介的力度还在不断地加大,我突然又冒出一个念头,是不是这位负责人很快就会届满退休? 很多靠行政推动的工作，往往会在负责人届满退休时宣告终结，另一面，体制也培植了我们的"坏心眼"，有时这样的"坏心眼"，却颇见眼力，这其实不是眼力的问题，而是体制常常遵循的就是那样的套路。

3

真正的生命自觉大概是十分稀少的，这一点就是很多讲生命自觉的人也意识不到，比如，讲完生命自觉最好还是不要接着讲你的研究立了什么国家项目，论文、书籍获得了什么大奖之类。生命自觉在这样的时代想必意味着某种精神洁癖，一意孤行，自贞自得，其实界限还是有的。至少在大端之处还是有界限。

4

黄克剑先生说，一个人最为重要的是要守住自己的生命重心。"'三军可夺帅也，匹夫不可夺志也。'三军之'帅'可以被任命，也可以被罢免。而一个人的'志'却不同，只要你自己不改变，他人是不能夺走的。""换句话说，你把生命的重心放在自己的品德、操守及富有创造性的智慧上，你在任何时候、任何情况下都不会感到生命失重。"

这是黄克剑先生在接受报社记者采访时说的话，也是多年来他对学生的谆谆教诲，他总是自己首先身体力行，这既是仁者之风，又是幽谷中珍稀的足音。

5

在南通二甲中学和教师们对话时，一位教师谈及自己的痛苦，我的领悟是，一个人不痛苦大概也做不成教师，尤其是青年教师似乎更是正当痛苦之年，清澈、明晰、坚定也是痛苦的沉淀之物，但中间要经过无数岁月的历练、折腾，还要你始终能够复归于正道，这又是何其难哉？

6

可是正道又在哪里呢？我们一生所要做的不就是对正道的询问吗？

唉，这些永恒的岁月的诡计！

我并不是要把属于自己的承担的责任，悬置于空气之中，但很多时候，我都这样反反复复地自我问询——它的另一边则是我对轻盈和灵巧的喜爱——如果有个能称出灵魂重量的秤，我一定会称称看自己达到了什么样的等级，不是我拒绝有可能的身体的继续上升，我的手和心一直也没有缺席，而是，我尽可能地压低自己的声音，在我不停地写下的文字中。

7

我原先也许曾设想过这样的《小事物的教育学》应该在 2011 年 12 月的最后一天结束，也就是哈尔滨 24

小时诗会那会儿，当然我并不曾明确自己到底最后能写下什么。2011 年，是辛苦、疲倦、持续工作的一年，也许这还是我有点惧怕的年份，我总觉得在这一年我已经失去了什么，但并没有去确证。我的倔强常常就是：也就是那样了，还能怎么样？

你不要憎恨那些树
它们一生都留着岁月的疤痕
扭结、变形，还来不及号啕
一直等到某一天，在空气中
它才能和自己的未来重逢

8

我惧怕这样的一个人。我想到尺度、克制、坚硬，想到深邃、坚守、智慧，我也想到在一片清澈宁静的水域，它会映照出空气中漂浮过的一切。

9

今天，一位朋友告诉我，她会在元旦之后就辞职。她已经担任教职 15 年了，多年来一直絮絮叨叨要辞职，"现在，再也没有什么可以阻挡我对自由的向往！"

10

茨维塔耶娃在给鲍尔斯·帕斯捷尔纳克的信中，曾有这样的一句话：

"我不止一次地问过你，我和你将在生活中做点什么事，有一次你回答，'我们去见里尔克吧。'"

"我们去见里尔克吧。"我们去见谁呢？

我想写的就是渺小的事物

1

突然发现《小事物的教育学》已经写到临近结束——本来，它就是无始无终的写作，但我发现可以暂时停下手中的笔了。

对于写作，我从未曾有过任何夸张乃至"疯狂"的念头，"那些疯狂到以为自己能够改变世界的人，才能真正改变世界"，这是苹果"非同凡想"的广告，它说的大概就是史蒂夫·乔布斯这样的人。当有人说中国应该也能够出乔布斯时，我总觉得说这话的人想必也是"疯了"，或是作什么秀，"秀"坏了脑袋。

不过，这样的问题不是我想讨论的。

现在继续说说写作。今天收到了出版社寄来的夏昆、呱瓜、赵赵和马一舜几个人的教育随笔，这些钱理群老师和我主编的书已在出版社行进了三年多，总算出来了，一件期许过的事终于出落得比较美好，这是我感到欣慰的。

我曾想过要"经手"为 100 位教师找到出版的通

道，这样的工作其实也一直在持续之中。

我希望的是，这是 100 位值得为之"砍伐树木"的教师。当我想到这样一件事，"值得为之伐树之事"，也总是想到自己，我一直写着的那些文字，作为一个写作者大概都要常常对那些我们喜爱的树木感到羞愧。

2

茨维塔耶娃说"莱内·马利亚·里尔克"的名字，"无法与当代生活押韵"，我想说的是，当我往回看自己的文字时，我总是毫无自信。我的写作，该如何谈论自己，才能不至于过分失序？那些文字表达的并不是我对生活的渴望，而是，我常常只是通过写作在一点一滴地寻找每天的意义，仿佛一个寄生在一页又一页薄纸中的虫子。"我的哀伤和欢欣是在同一个地方。"

我明白，作为一种常见的自我防护方式，我这些文字并没有说出什么，它只是使自己变得有点晦涩与凌乱。

当然，我又会转念一想，管它的，就让它这样好了。

3

说到底，教育并不是那么难以理解，是生活，是生活中的荒谬感难以理解。这里所说的"难以理解"可能也包含着我们急切渴望改变，最终又总是无法实现的那种疼痛感，比起看不到边际的辽阔而有效的统治，生命的有限性实在得不到多少的怜悯——你不妨想想看，这到底有没有可能，因为想让你好受一点，"好，现在我就变个另外的样子给你看看！"——只有最善良的诗人还能坚持这样的想象。

好的教育，如果最终出现，它一定是今天教育的"对立物"。

但它又不是突兀的、横空出世的，也许我们恰恰需要用上最大的耐心，用上对人最大的尊重和理解，一点一滴从这个已然的世界，培植、引导与发现教育与生命的新质，缓慢地形成新教育的可能，最终，在我不大可能看到的未来，出现与今天教育作为"对立物"的新教育的存在。

也许，正因为我仍然信赖，"未来"也成了一个让人心痛的词。

4

无论我如何地谈论生存处境与教育的出路，我仍然在我所知道的某一思想的水域划行，大概我首先要终身感激的是这种命运的馈赠。我并不是从"我"自己出发而获得更丰富一点的理解力的，我也不能始终地保持自己的耐心，但即使这样，如果你曾经遇到过一个好老师，你对他的"阅读"，一生都会对你产生助益。尽管你也可能根本无法站到更高的瞭望的窗台，具体的帮助却已实实在在地发生——这是我在 2011 年末，特别要写下的一种感怀。

5

诗人茨维塔耶娃所渴望的爱总在远方，永远地遥不可及，它是"无手之抚，无唇之吻"，也可能，我换一种理解，是我们内心隐秘的需要，最终把我们自己塑造成如此形单影只的样子，这样才是一种"更适宜"的生活。

我受困于无法改变自己时，就开始这样想。

6

曾有这样的一位妈妈，她买了新衣服总是挂在衣橱里，然后，每天继续穿着一件又旧又难看的，她说："我最讨厌这件衣服了，我一定要把它穿坏再扔掉。"

等那件真的被扔掉了，她又会挑出自己最讨厌的另一件每天穿着它。

7

莫非所有的人都会被某种思想所控制？

我又发现即便如此，过了若干时间之后，我仍可以从中获益，当你有能力对自己的思想与行为进行反省之时。如果不是这样，你则完全屈服于那些可怕的、始终宰制着你的力量了。

8

一个人总是要和自己生活在一起，无论他遇到的"自己"是谁。

9

我一直想写的就是确切的渺小的事物，我甚至也无法做得更好一点。

我们谈论教育就是谈论自己

1

当我们谈论教育时，我们谈论的是什么？

2

"你必须像爱迷雾一样爱你曾经守望过的希望。"我引用这句话时，心里冒出来的当然是教育。

迷雾之中，所有的美也是一种人人都能得以体验的麻烦：这样的爱往往会失去对象感，你几乎难以向前瞭望。不过，好在雾总是很快要散去的，而散去之时，你所看到的景致是否就是你所期待的呢？

在转瞬即逝之间，有着我们生命特殊的荣幸，我们是被身体中本然的热情和憧憬带到某一处窗口的，先是一直被各种梦想、冲动所控制，当我们能作出自我伸张之时，却发现这个世界已经"花果飘零"，于是对"改变"的渴望，更多地转成了对生命的自我关怀。我们从不断的发现中，确认了自我发现的意义，我们就像反转了一双眼睛，无论是对什么事物的观察、审视，所看到

199

的都是我们自己。所谓的成熟，大概指的就是不再依赖他人，不再只是单向的依赖他人，我们同样能够维护自己生命的平衡，同时自主而又坚韧地通过各种勇敢和富于想象的方式，不断地满足自己对自由和独立的期许——我要反复言说的教育，总是从这里开始的。

3

我曾在一个细雨的下午，来到自己曾读了五年的村小学，先前的教学楼早已拆除，现在正忙着盖新楼，我来并不是单为了看这个工地的。好多年了，我一直惦记着操场上的左右两棵桂花树，据说 1949 年之前就已植下，现在它们还在吗？又该长成什么样子了？

我看到了其中的一棵，我已经完全不认识了，就像是一棵新的树，东边另一棵所在的位置现在已是工地的一部分，没有人知道原先的树的下落。

原来的校名"厚美小学"现在则改成了"上街中心小学厚美分校"，这样的命名又出于何种原因呢？

在一个急速扩张并被不断改变的村庄，那些真实经历过的童年，似乎也变得有点模糊了。

4

不久前我在中学同学聚会时，说起上中学的一天，班主任在门框上刻了线为我们量身高，它的起点是一米三，轮到我时，发现我还没长到这样的高度，于是在门框上又刻了一米二五的横线，多少年过去了，我无法忘怀的就是这样的一个细节。无论过去多少年，它仍然是我回望生命时不断再出发的起点。

5

一次又一次，我心里冒出的不是对教育的"我早知道"。而是对生命继续前行的"我早知道"。有时半夜从睡梦中惊醒过来，突然意识到，不仅是无数的"早知道"，而是，终有一天，这易于腐朽的肉身也将很快从这世上消灭，那么，我们谈论教育又将从哪里继续维系下去？

我是从王元化的《九十年代反思录》中第一次读到黑格尔在柏林大学的《开讲辞》的，"精神的伟大力量是不可低估和小视的。那隐闭着的宇宙本质自身并没有力量足以抵抗求知的勇气。对于勇毅的求知者它只能揭开它的秘密，将它的财富和奥妙公开给他，让他享受"。王元化先生说，这样对人和人的思想充满信心的那种坚毅的人文精神，始终使他心情激荡，即使在最愁苦的岁月也不致陷于绝望而不可自拔！

6

现在读读我前些日子为某一本书写下的文字吧，看看我是如何言说教师，进而又是如何言说到自己的——如果你一直和我做着思想的漫游，那么就在这里结束吧。

生命因你而动听

在浩如烟海的图书之中再添上一本，不算什么重要的成就，况且这本书记录的还是除了特定区域之外并不太为人知晓的一个非组织化的群体。他们虽然被命名为一个省的"最具成长力教师"，但其实也就是再普通不过的一些"个人"，就在你身边，就在你的学校，甚至就是你的好朋友。在获得这样一种命名之前，他们更多是被自己命名和学生命名的，但不管怎么说，我们现在普遍缺少的就是特别张狂的教师，我是从正面、积极的意义上理解这个"张狂"的。不过话说回来，在各种宰制和重压之中，作为一个教师又如何有可能成为令人讶异的因其张狂而仍得到普遍认可的"民间英雄"？我且把这样的期待转向对教师而言更恰切的另一格：他们真实、自然，诚恳而有耐心，他们热爱自己的工作，默默地改善与改变自己，他们像树一样，终究变得富有活力，引人注目，让人称道。

我常常想，就这个时代而言，"教师"实在算不上什么好职业——这里我选择的是常识性的社会评价。把教师工作与艰辛、困难、忙碌、琐碎、压力重重等各种令人望而却步的词汇并置，其实也是再恰当不过的。美国曾有一位音乐学院毕业的学生，想找一个既能糊口又不影响自己作曲的工作，他选择了做中学教师，结果终其一生都没有写出什么像样的曲子来，因为他所有的时间几乎都耗费在学生身上，而这样的"耗费"大概是大多数教师的宿命——"这不是你的错，这是你的命。"这里的"命"放大一点说，也就是天命与天职。对好教师而言，这样的选择，以及因其如此选择而获得的生命的归依感与涵泳生命之中的幸福体验，往往会强化我们对自己的职业其实就是一种"命业"的认同。

刚才提到的美国教师的故事，来自一部有趣又感人至深的电影——《生命因你而动听》。这里我要继续说几句教师这个职业，我说的仍是与我要评论的这本书具有重要的相关性——教师这个职业，当然离不开一个人必要的才华与能力，但是对教师而言，更有意义的评价往往不在于他所谓的"才华"本身，而在于他所有的才华坚守、付出等所投注的方向。也就是说，"教师"工作实际上是一种必须不断对象化的"成全性"的工作，高明的教师，指的并不是他写了多少论文，获了什么奖，有什么样的荣誉——尽管这些也可能是一种标志——而是，他是怎样把自己的才华与热情不断地贯注于工作之中，无数的儿童又是如何因为这样的启迪、点醒与感召，"生命因你而动听"，所谓的成全的真义恰恰在于这里。也可以说，教师成长的故事，也因此美妙地转化成了学生成长的故事。只有那些心地良善，不断用心于教育理解力与生命智慧的教师，才有无数感人肺腑的教育故事，他们的教育自传是以自己生命写就的，同时又在学生那里得到了余音缭绕的回响。

我曾荣幸地参与了这些"最具成长力教师"的评选

工作，并有幸结识了其中不少入选的教师。我写下的这些文字，正是源于我从他们身上受到的感动。我们所从事的都是早就被"固定化"甚至"格式化"的小职业，也许根本就不能期待任何的"奇迹"，但仍可以从这一"小职业"中创造更大的格局。只问耕耘不问收获，也是基础教育的特点，一个人耐心地尽到了本份，这样的本份，恰恰就可能是很多人难以企及的境界。而这些坚守底层，努力奋斗而又自得其乐，最终大概能自成一格的教师，何尝不就是一个个极具启发意义的教育范本？

　　也许我还要说，用这样比较"民间"的评选方式，去发现、肯定和呼应这些教师业已产生重要意义的劳动，并通过一本书——他们以自己的名字、生命的业绩、某种共同的价值观——集结在一起，也是令人欣慰的。我们不再惧怕孤单，我们仍是个体户、单干者，我们也已彼此相知，并走到了一起。

西南师范大学出版社
《名师工程》系列丛书目录

系列	序号	书　名	主编	定价
大家思想系列	1	《小事物的教育学》	张文质	28.00
	2	《张文质给学生上的十堂课》	张文质	30.00
鲁派名师系列	3	《复调语文》	孙云霄	30.00
	4	《智趣数学课——在情感深处激发学生的数学智能》	王冬梅	30.00
	5	《高品位"悦读"——让情感与心灵更愉悦的阅读教学》	马彩清	30.00
	6	《品诵教学——感悟母语神韵的阅读教学》	侯忠彦	30.00
	7	《智趣化学课——在快乐中提升学生的科学素养》	张利平	30.00
思想者系列	8	《回归教育的本色》	马恩来	30.00
	9	《守护教育的本真》	陈道龙	30.00
	10	《教育，倾听心灵的声音》	李荣灿	30.00
	11	《心根课堂——让教育随学生心灵起舞》	刘云生	30.00
	12	《做一个纯粹的教师》	许丽芬	26.00
	13	《率性教书》	夏　昆	26.00
	14	《为爱教书》	马一舜	26.00
	15	《课堂，诗意还在》	赵赵（赵克芳）	26.00
	16	《今日教育之民间立场》	子虚（扈永进）	30.00
	17	《教育，细节的深度反思》	许传利	30.00
	18	《追寻教育的真谛——许锡良教育思考录》	许锡良	30.00
名校长核心思想系列	19	《智圆行方——智慧校长的50项管理策略》	胡美山　李绵军	30.00
	20	《做一个智慧的校长》	孙世杰	30.00
	21	《成为有思想的校长》	赵艳然	30.00
名校系列	22	《人本与生本：管理与德育的双重根基》	广州市广外附设外语学校	30.00
	23	《生本与生成：高效教学的两轮驱动》	广州市广外附设外语学校	30.00
	24	《世界视野与现代意识：校本课程开发的二元思维》	广州市广外附设外语学校	30.00
	25	《让每个生命都精彩——生命教育校本实践策略》	王鹏飞	30.00
	26	《好学校，从关注每个学生开始——石梅小学优质教育多元感悟》	顾　泳　张文质	30.00
创新班主任系列	27	《班主任专业化成长策略》	杨连山	30.00
	28	《班级活动创新与问题应对》	杨连山　杨　照　张国良	30.00
	29	《班集体建设与创新人才培养》	李国汉	30.00
	30	《神奇的教育场——打造特色班级文化创新艺术》	李德善	30.00

系列	序号	书　名	主编	定价
高效课堂系列	31	《让作文教学更高效——王学东写作教学手记》	王学东	30.00
	32	《用什么提高课堂效率——有效数学课必须关注的10大要素》	赵红婷	30.00
	33	《让作文更轻松——小学作文高效教学36锦囊》	李素环	30.00
	34	《让研究性学习更高效——研究性学习施教指导策略》	欧阳仁宣	30.00
	35	《让母语融入学生心灵——提升学生语文素养的高效施教艺术》	黄桂林	30.00
教师修炼系列	36	《班主任工作行为八项修炼》	杨连山	30.00
	37	《教师心理健康六项修炼》	李慧生	30.00
	38	《教师专业化五项修炼》	杨连山　田福安	30.00
	39	《课堂教学素养五项修炼》	刘金生　霍克林	30.00
	40	《高效教学技能十项修炼》	欧阳芬　诸葛彪	30.00
	41	《教师新师德六项修炼》	王毓珣　王　颖	30.00
优化教学系列	42	《高效教学组织的优化策略》	赵雪霞	30.00
	43	《高效教学方法的优化策略》	任　辉	30.00
	44	《高效教学过程的优化策略》	韩　锋	30.00
	45	《让教学更生动——激发兴趣让学生快乐认知》	朱良才	30.00
	46	《让教学更高效——策略创新让教学事半功倍》	孙朝仁	30.00
	47	《让教学更开放——拓展延伸让学生触类旁通》	焦祖卿　吕　勤	30.00
	48	《让教学更生活——体验运用让学生内化知识》	强光峰	30.00
	49	《让知识更系统——整合与概括让学生建构体系》	杨向谊	30.00
	50	《让思维更创新——思辨与发散让学生思维活跃》	朱良才	30.00
创新语文教学系列	51	《曹洪彪新概念快速作文》	曹洪彪	30.00
	52	《小学语文：享受对话教学》	孙建锋	30.00
	53	《小学语文：名师教学目标落实艺术》	刘海涛　王林发	30.00
	54	《小学语文：名师魅力教学设计艺术》	刘海涛　王林发	30.00
	55	《小学语文：名师魅力课堂激趣艺术》	刘海涛　豆海湛	30.00
	56	《小学语文：单元整体教学构建艺术》	李怀源	30.00
	57	《小学作文：名师情趣课堂创设艺术》	张化万	30.00
创新课堂系列	58	《个性化课堂教学艺术：小学语文》	商德远	30.00
	59	《如何实现三维目标——让学生与文本共鸣的诵读教学》	张连元	30.00
	60	《想说　会说　有话可说——突破作文瓶颈的三维教学法》	杨和平	30.00
	61	《综合课的整合创新教学》	周辉兵	30.00
	62	《如何打造学生喜欢的音乐课堂》	张　娟	30.00
	63	《理想课堂的构建与实施——一个教研员眼中的理想课堂》	张玉彬	30.00
	64	《小学语文：决定教学质量的关键策略》	李　楠	30.00
	65	《用〈论语〉思想提升数学教育智慧》	胡爱民	30.00
	66	《童化作文——浸润儿童心灵的作文教学》	吴　勇	30.00

系列	序号	书　　　　名	主编	定价
教师成长系列	67	《做会研究的教师》	姚小明	30.00
	68	《学学名师那些事》	孙志毅	30.00
	69	《给新教师的建议》	李镇西	30.00
	70	《教师心灵读本：成为有思想的教师》	肖　川	30.00
	71	《教师心灵读本：教师，做反思的实践者》	肖　川	30.00
幼师提升系列	72	《全国优秀幼儿健康教育活动课例评析》	教育部教育管理信息中心	30.00
	73	《全国优秀幼儿艺术教育活动课例评析》	教育部教育管理信息中心	30.00
	74	《全国优秀幼儿社会教育活动课例评析》	教育部教育管理信息中心	30.00
	75	《全国优秀幼儿语言教育活动课例评析》	教育部教育管理信息中心	30.00
	76	《全国优秀幼儿科学教育活动课例评析》	教育部教育管理信息中心	30.00
教研提升系列	77	《校本教研的7个关键点》	孙瑞欣	30.00
	78	《教师怎样做小课题研究——高效助力教师专业化成长》	徐世贵　刘恒贺	30.00
	79	《今天我们应怎样评课》	张文质　陈海滨	30.00
	80	《今天我们应怎样进行教学反思》	张文质　刘永席	30.00
	81	《一节好课需要的教育智慧》	张文质　姚春杰	30.00
教学创新数学系列	82	《小学数学：名师教学目标落实艺术》	余文森	30.00
	83	《小学数学：名师高效教学设计艺术》	余文森	30.00
	84	《小学数学：名师易错问题针对教学》	余文森	30.00
	85	《小学数学：名师魅力课堂激趣艺术》	余文森	30.00
	86	《小学数学：名师同课异教》	林高明　陈燕香	30.00
	87	《小学数学：名师抽象问题艺术教学》	余文森	30.00
教育心理系列	88	《做最好的心理导师——中学生心理健康咨询手册》	杨　东	30.00
	89	《每天学点教育心理学》	石国兴　白晋荣	30.00
	90	《学生心理拓展训练与指导》	徐岳敏	30.00
	91	《好心态成就好学生——学生心理问题剖析与对症教育》	李韦遵	30.00
名师名课系列	92	《名师如何炼就名课》（美术卷）	李力加	35.00
教育通识系列	93	《用心做教师——青年教师快速成长的十大定律》	王福强	30.00
	94	《做最受学生欢迎的老师》	赵馨　许俊仪	30.00
	95	《做有策略的校长——经典寓言与学校管理智慧》	宋运来	30.00
	96	《做有策略的教师——经典故事中的教育启示》	孙志毅	30.00
	97	《从学生那里学教书》	严育洪	30.00
	98	《突破平庸——提升教育质量的31个跳板》	严育洪	30.00
	99	《教育，诗意地栖居》	朱华忠	30.00
	100	《好班规打造好班级》	赵凯	30.00
	101	《做学生成长的引领者——学生终身成长的素质培养》	田祥珍	30.00
	102	《如何管出好班级——突破班级管理的四大瓶颈》	刘令军	30.00
	103	《青春期性教育教师实用手册》	闫乐夫	30.00

系列	序号	书　　　　名	主编	定价
教育管理力系列	104	《名校激励管理促进力》	周　兵	30.00
	105	《名校安全管理执行力》	袁先潋	30.00
	106	《名校师资团队建设力》	赵圣华	30.00
	107	《名校危机管理应对力》	李明汉	30.00
	108	《名校校本研究创新力》	李春华	30.00
	109	《学校文化力建设策略》	袁先潋	30.00
	110	《名校长核心教育力》	陶继新	30.00
	111	《名校长高绩效领导力》	周辉兵	30.00
	112	《名校行政管理细节力》	杨少春	30.00
	113	《名校教学管理提升力》	张　韬　戴诗银	30.00
	114	《名校学生管理教导力》	田福安	30.00
	115	《名校校园文化构建力》	岳春峰	30.00
大师讲坛系列	116	《大师谈教育心理》	肖　川	30.00
	117	《大师谈教育激励》	肖　川	30.00
	118	《大师谈教育沟通》	王斌兴　吴杰明	30.00
	119	《大师谈启蒙教育》	周　宏	30.00
	120	《大师谈教育管理》	樊　雁	30.00
	121	《大师谈儿童人格塑造》	齐　欣	30.00
	122	《大师谈儿童习惯培养》	唐西胜	30.00
	123	《大师谈儿童能力培养》	张启福	30.00
	124	《大师谈早恋与性教育》	闵乐夫	30.00
	125	《大师谈儿童情感教育》	张光林　张　静	30.00
高中新课程系列	126	《高中新课程：教师角色转变细节》	缪水娟	30.00
	127	《高中新课程：班主任新兵法细节》	李国汉　杨连山	30.00
	128	《高中新课程：教学管理创新细节》	陈　文	30.00
	129	《高中新课程：更有效的评价细节》	李淑华	30.00
教学新突破系列	130	《把教学目标落实到位——名师优质课堂的效率管理》	冯增俊	30.00
	131	《拿什么调动学生——名师生态课堂的情绪管理》	胡　涛	30.00
	132	《零距离施教——名师和谐师生关系的构建艺术》	贺　斌	30.00
	133	《一个都不能落——名师提升学困生的针对教学》	侯一波	30.00
	134	《让学习变得更轻松——名师最能吸引学生的情境设计》	施建平	30.00
	135	《让知识变得更易学——名师改造难学知识的优化艺术》	周维强	30.00
教学提升系列	136	《方法总比问题多——名师转变棘手学生的施教艺术》	杨志军	30.00
	137	《用特色吸引学生——名师最受欢迎的特色教学艺术》	卞金祥	30.00
	138	《让学生爱上课堂——名师高效课堂的引导艺术》	邓　涛	30.00
	139	《拿什么打开思路——名师最吸引学生的课堂切入点》	马友文	30.00
	140	《没有记不牢的知识——名师最能提升学生记忆效果的秘诀》	谢定兰	30.00
	141	《让学生的思维活起来——名师最激发潜能的课堂提问艺术》	严永金	30.00

系列	序号	书　　　　名	主编	定价
名师讲述系列	142	《施教先施爱——名师讲述班主任的核心教导力》	杨连山　魏永田	30.00
	143	《在欢乐中成长——名师讲述最具活力的课堂愉快教学》	王斌兴	30.00
	144	《让学生做自己的老师 ——名师讲述如何提升学生自主学习能力》	徐学福　房　慧	30.00
	145	《引领学生高效学习 ——名师讲述如何提高学生课堂学习效率》	刘世斌	30.00
	146	《教育从心灵开始——名师讲述最能感动学生的心灵教育》	张文质	30.00
教育细节系列	147	《名师最具渲染力的口才细节》	高万祥	30.00
	148	《名师最有效的沟通细节》	李　燕　徐　波	30.00
	149	《名师最有效的激励细节》	张　利　李　波	30.00
	150	《名师培养学生好习惯的高效细节》	李文娟　郭香萍	30.00
	151	《名师人格教育的经典细节》	齐　欣	30.00
	152	《名师营造课堂氛围的经典细节》	高　帆　李秀华	30.00
	153	《名师最有效的赏识教育细节》	李慧军	30.00
	154	《名师最有效的批评细节》	沈　旎	30.00